W0331812

Les perroquets amazones

Ouvrage publié pour la première fois en langue anglaise en 2008,
sous le titre *Birdkeepers' guide to amazons,* par Interpet Publishing

Directeur de publication : Philip de Sainte-Croix
Photographies : Neil Sutherland
Illustrations : Martin Reed

Pour l'édition française
Traduction : Catherine Pierre-Bon
Coordination éditoriale : Sophie Jutier
Relecture : Claudine Fragnaud
PAO : Nathalie Lachaud, Francis Rossignol
Photogravure : Chantal Mialon, Stéphanie Tridoux

ISBN : 978-2-84416-899-3
N° d'éditeur : 84416
Dépôt légal : novembre 2009

Achevé d'imprimer : octobre 2009
Imprimé en Chine par SNP Leefung

Les perroquets amazones

Greg Glendell

ARTÉMIS ÉDITIONS

Sommaire

Découvrir les perroquets amazones

Les perroquets amazones, qui regroupent plusieurs dizaines d'espèces et de sous-espèces, sont en général de taille moyenne ou relativement imposante. Bien qu'ils soient désormais reproduits en captivité, ces perroquets ont pour la plupart pour habitat d'origine l'Amérique centrale ou l'Amérique du Sud. Tout comme les perroquets gris d'Afrique, ce sont de bons parleurs, mais ils ont la voix moins claire que leurs cousins.

❑ Des oiseaux bruyants et extravertis

Cet ouvrage présente les espèces appréciées en qualité d'oiseaux de compagnie. Vous y apprendrez tout ce qu'il faut savoir pour élever et soigner votre compagnon ailé : comment choisir et aménager les cages et les volières, quels régimes sont les mieux adaptés, comment l'apprivoiser et lui apprendre à voler, comment résoudre les problèmes de comportement, ainsi que de précieux conseils pour le garder en bonne santé et, au besoin, lui prodiguer les premiers soins. Vous saurez également ce qu'il faut faire pour retrouver votre perroquet en cas de fugue. S'il est vrai que la plupart des amazones partagent les mêmes caractéristiques comme oiseaux de compagnie, il n'en existe pas moins des différences notables entre certaines espèces que nous abordons ici.

Les perroquets amazones ne sont pas réputés pour leur discrétion ou leur timidité. Une fois familiarisés avec leur nouvelle demeure, ils donnent souvent libre cours à leur nature extravertie. Ils peuvent même être très bruyants et difficiles à gérer. Toutefois, si vous leur prodiguez les soins appropriés et que vous leur apprenez à obéir, leur compagnie sera un réel plaisir. Les amazones ne sont pas des oiseaux « discrets », dans tous les sens du terme. De caractère affirmé, ils sont très joueurs, parfois même turbulents ; pour une bonne harmonie, les maîtres adoptifs doivent parfaitement connaître la nature et les véritables besoins de leur compagnon.

► **Amazone à nuque jaune.**
Comme chez la plupart des amazones, la couleur verte domine chez cette espèce, qui compte parmi les plus grandes, et atteint presque la taille d'un corbeau.

◀ Presque tous les perroquets amazones s'expriment bruyamment : une caractéristique normale de leur registre vocal. Les sujets adultes s'offrent matin et soir une petite séance de hurlements d'une vingtaine de minutes.

▶ Les perroquets amazones vivent presque aussi longtemps que nous, jusqu'à 50 ans, voire 70 ans. Les liens entre le maître et l'oiseau se construisent ainsi sur des dizaines d'années.

▶ Quelques leçons élémentaires de dressage sont la clé d'une bonne entente entre l'oiseau et son maître.

Le principe de la récompense est efficace avec les amazones.

L'origine des perroquets amazones

On a recensé à ce jour 33 espèces appartenant au genre *Amazona.* Au sein de cette grande famille, moins d'une douzaine d'espèces peuvent devenir des oiseaux de compagnie.

Si tous les perroquets amazones sont originaires d'Amérique du Sud et d'Amérique centrale, ils ne sont pas pour autant confinés dans la région à laquelle ils doivent leur nom. Certaines espèces viennent d'aussi loin que la pointe sud de l'Argentine, d'autres du nord du Mexique, beaucoup ont également été recensés dans les Caraïbes. Ce groupe, qui existe depuis plus de 35 millions d'années, a donné le jour à des espèces variées : toutes doivent néanmoins vivre dans les arbres pour subvenir à l'essentiel de leurs besoins. Elles y trouvent des fruits, des noix et des graines pour se nourrir, ainsi que des trous où nicher et élever leurs petits.

Des oiseaux verts, trapus, à queue courte

Les perroquets amazones vont des petites espèces comme l'amazone à front blanc (25 cm de long) à l'imposant amazone impérial (48 cm de long), aussi gros

▼ La robe presque entièrement vert uni des amazones leur permet de se camoufler en toute sécurité dans leur habitat naturel. Les amazones ne sont jamais très loin des arbres ; la plupart des espèces vivent dans les forêts tropicales, comme sur notre photo.

qu'un corbeau. La plupart sont des oiseaux de la taille d'un pigeon, assez trapus, à la queue courte et carrée, et au plumage vert prédominant. À première vue, un grand nombre d'espèces semblent très proches les unes des autres. Elles se distinguent pourtant par des taches rouges, jaunes, bleues ou orangées sur les ailes, la queue et la tête. Les couleurs de la tête sont d'ailleurs très utiles à l'identification d'une espèce.

Comme chez tous les psittacidés, les amazones ont un bec crochu très puissant, qu'ils utilisent pour décortiquer la nourriture et comme troisième « main » pour grimper dans les arbres. Les pattes qui paraissent assez courtes n'en ont pas moins une longue portée qui les aide, là encore, à grimper. De même que tous les autres perroquets, leur pied compte quatre doigts, deux à l'avant, deux à l'arrière. Les articulations du pied leur permettent de marcher dans l'alignement d'une branche au lieu de se déplacer de côté comme presque tous les autres oiseaux. Les yeux des amazones sont généralement rouges ou orange vif, et ces oiseaux peuvent contrôler leurs iris et « lancer des éclairs » quand ils sont excités.

▲ Les amazones peuvent dilater et contracter leurs iris à volonté.

▲ Si certains perroquets plus petits font souvent des bonds, les amazones marchent ou courent, mais sautent rarement. Ce sont des oiseaux très agiles une fois dans les arbres.

▶ Remarquez la longue portée des pattes, qui semblent pourtant courtes. Cette envergure leur permet de grimper aisément dans les arbres.

Un genre varié

Les perroquets amazones ont beau paraître de couleur verte uniforme au repos, ils constituent en réalité un groupe aux couleurs variées. Leur tonalité dominante leur permet de tromper les prédateurs en se confondant avec le feuillage des arbres. Quand ils sont immobiles, leurs couleurs vives sont dissimulées, mais les motifs et l'éclat des ailes et de la queue se révèlent dès l'envol. Chez les espèces de taille à peu près similaire, ces différences de tons, ainsi que la variété de leurs cris d'appel, leur permettent de se distinguer les unes des autres. Lorsqu'on les observe de près, on constate également des différences très variables dans les couleurs de la tête et du bec, qui aident à mieux les identifier.

Amazona oratrix.

L'amazone à joues vertes

- *Couleur:* rare en aviculture, cet oiseau est une espèce particulièrement protégée. Sa robe presque vert uni présente une tache rouge sur l'aile. Il affiche également une tache rouge sur le front, rehaussée d'une petite partie bleue. Le bec est toujours couleur corne.

- *Taille:* 30 cm. Un peu plus petit que l'amazone aourou, plus courant.
- *Répertoire vocal:* ce perroquet affiche un large répertoire vocal retentissant: sifflements, cris perçants et râpeux, jasements. Ce n'est pas un parleur.
- *Caractère:* c'est une espèce plutôt nerveuse et méfiante, qui a tendance à être très bruyante. Il lui faut un maître calme, à la main sûre, pour la manipuler.

L'amazone diadème

- *Couleur:* gris à la queue vert-jaune, avec quelques taches rouges sur certaines plumes des ailes. Il doit son nom à son lorum (l'espace qui sépare le bec et les yeux) de couleur rouge, en forme de couronne. Les pattes sont grises; la couleur du bec varie de jaune corne très pâle à gris foncé.
- *Taille:* 30 à 35 cm. Sa taille moyenne est celle d'un pigeon.
- *Répertoire vocal:* large éventail de cris d'alerte et de sons retentissants, rudes et parfois métalliques: en général de deux ou trois syllabes.
- *Caractère:* cette espèce est plutôt exubérante, mais d'une nature assez douce et confiante comme oiseau de compagnie.

L'amazone à front bleu

- Couleur : taches jaunes et bleues de taille variable sur la tête. Le bec est gris foncé, presque noir. Les épaules sont marquées de jaune et/ou de rouge.

- Taille : 37 cm. Plus grand et plus élancé que l'amazone aourou.

- Répertoire vocal : ses séances répétées de cris perçants font partie de son comportement normal. En règle générale, c'est un assez bon parleur, qui apprend facilement, et un bon imitateur.

- Caractère : l'amazone à front bleu est un perroquet effronté très extraverti. Les mâles peuvent se montrer très agressifs plusieurs mois durant, pendant la période de reproduction (printemps). Attention, leur bec est très puissant. Cette espèce ne convient pas aux familles avec de jeunes enfants.

L'amazone à nuque jaune

- Couleur : la robe presque entièrement verte est marquée de rouge à l'épaule et sur les rémiges secondaires. C'est la seule espèce d'amazone présentant une grande tache jaune à l'arrière du cou. Le bec est toujours gris foncé, les pattes et les pieds sont gris.

jusqu'à 38 cm. De forte carrure, c'est l'un des plus grands perroquets amazones.

- Répertoire vocal : il présente un grand éventail de sons retentissants : sifflements, cris stridents et notes plus râpeuses et plus profondes. C'est un très bon parleur.

- Caractère : exubérant et sociable. Les oiseaux bien dressés peuvent faire de bons compagnons, mais on ne laissera pas les enfants les manipuler.

L'amazone aourou

- Couleur : les mêmes que l'amazone à front bleu, mais la tête est plus carrée. Le bleu de la tête se rapproche plus d'un bleu cobalt comparé au turquoise de l'amazone à front bleu, et les yeux sont plus larges et généralement plus foncés que ce dernier. L'épaule présente quelques plumes jaunes, mais jamais orange, contrairement à l'amazone à front bleu.

- Taille : 32 cm. Légèrement plus petit que l'amazone à front bleu.

- Répertoire vocal : il est parfois très bruyant. Cri d'appel très fort à trois notes.

- Caractère : particulièrement confiants et constants, ce sont rarement des oiseaux introvertis. Plus doux que la plupart des autres perroquets amazones, certains sont cependant très nerveux.

La vie à l'état sauvage

▲ Les amazones sont considérés comme des « nuisibles » quand ils s'attaquent aux récoltes, comme ces amazones à nuque jaune qui ne feront qu'une bouchée de ces bananes.

Pour la plupart, les amazones sont des oiseaux très sociables, qui passent une grande partie de leur vie au sein d'un même groupe, et parfois toute leur vie. Cette « famille » peut aller de quatre ou cinq oiseaux à plus d'une centaine. Les forêts denses ou plus clairsemées, selon les espèces, constituent leur habitat naturel.

Les amazones sont des perroquets plutôt bruyants. Leur répertoire est en général constitué d'un mélange de sifflements, de sons rauques et de cris stridents. Ils s'offrent régulièrement une séance de cris perçants, assez brève, au petit matin, puis après le réveil et plus tard dans la soirée. À peine réveillés, ils quittent le perchoir de la nuit pour s'envoler, parfois à des kilomètres, vers les premiers sites de nourriture. Si vous avez l'occasion d'observer un vol d'amazones dans la nature, vous constaterez qu'ils volent généralement par paire, les deux membres du couple restant proches pendant le vol et lorsqu'ils se posent. Les amazones passent facilement la plus grande partie de la journée à se nourrir et n'hésitent pas à parcourir des distances considérables d'un site à l'autre dans ce but. Leur vitesse en vol, qui va de 56 à 72 km/h, leur permet de couvrir de très longues distances dans leur habitat naturel, en quelques minutes seulement.

❑ Une alimentation très variée

Le régime alimentaire des amazones se compose de fruits frais, de fruits à coque, de fleurs, de graines et de jeunes pousses, le tout fourni par une grande variété d'arbres, dont quelques palmiers. Lorsqu'ils se nourrissent sur l'arbre, ils utilisent leurs pieds puissants en s'aidant de leur bec non moins robuste pour grimper dans les branches. Ces perroquets maîtrisent un bel éventail de techniques en fonction des aliments. Grâce à leur bec vigoureux qui leur sert de broyeur, ils décortiquent les graines et les petites noix en un clin d'œil. Quand les fruits ou les noix sont trop gros, ils les maintiennent du pied et jouent du bec pour n'avaler que les éléments nutritifs. Les jeunes pousses et les feuilles sont également au menu, car il leur est facile de les atteindre au bout des branches. Les amazones apprécient aussi les fruits tendres : ils picorent la pulpe de leur bec et boivent le jus qui en sort. Certains perroquets amazones descendent de temps en temps de l'arbre pour se nourrir au sol. En Amérique du Sud, plusieurs espèces picorent même la terre sur les murs de glaise. On pense que cette habitude leur permet d'absorber d'autres aliments potentiellement toxiques sans la présence de la terre qui neutralise certains poisons.

▲ L'amazone à joues bleues est avant tout un fructivore. De plus en plus rare à l'état sauvage, il a pour habitat les régions côtières à l'est du Brésil.

▲ Comme la plupart des amazones adultes, ces amazones diadèmes vivent en couple ; ils se nourrissent et volent ensemble, en général au sein d'un groupe.

❑ Le comportement du groupe dans la nature

Quand le groupe qui vole de site en site à la recherche de nourriture comprend de jeunes parents, ces derniers n'hésitent pas à faire plusieurs fois l'aller-retour entre le groupe et le nid dans la même journée. L'après-midi, quand il fait trop chaud, les oiseaux font une petite sieste d'une à deux heures à l'ombre des arbres, somnolant (à gauche) et se lissant les plumes, puis repartent se nourrir avant que le soir tombe. Ils reviennent ensuite sur le site de départ, parfois même à la nuit tombée, et retrouvent leur perchoir pour la nuit. Dans les habitats tropicaux et subtropicaux, il pleut presque toute la journée, sans que les ondées s'annoncent, trempant tout au passage, y compris les oiseaux, ce qui n'empêche pas les amazones d'adorer une bonne averse : on les voit alors s'ébattre dans les arbres, toutes ailes déployées, pour se faire arroser par la pluie. Ces petites douches sont essentielles à un beau plumage. Après la pluie, ils passent un bon moment à se secouer avant de remettre de l'ordre dans leur plumage et de se lisser les ailes.

❑ Les amazones aiment la bagarre

Les régions tropicales d'où sont originaires la plupart des amazones ne connaissent que de faibles variations de lumière dans l'année. Chaque jour, ils reçoivent la même quantité (douze heures) de lumière et d'obscurité. Ils se montrent à l'occasion assez vifs quand ils jouent entre eux et cherchent facilement la bagarre, se taquinant quand ils grimpent de branche en branche. Les amazones jouissent d'un habitat où la nourriture est abondante ; ils ont beau passer plusieurs heures à se nourrir et à voler d'un site à l'autre, il leur reste encore beaucoup de temps pour jouer quand ils n'élèvent pas leurs petits.

Intelligents, les perroquets amazones ont une bonne faculté d'adaptation et disposent d'un vaste répertoire de cris et de postures qui leur sert de « langage ». Ils informent ainsi les autres membres du groupe de leurs réactions à ce qui se passe autour d'eux et de l'attitude à adopter en présence d'un prédateur. Qu'il s'agisse des faucons, des mammifères (y compris les hommes) et des reptiles, les amazones, comme tous les perroquets, craignent les prédateurs. Ils utilisent leurs cris pour s'avertir du type de danger encouru et se communiquer les meilleures mesures à prendre. Le groupe n'a parfois qu'un quart de seconde pour se décider : à savoir, par exemple, s'il doit fuir le faucon ou se mettre à l'abri du danger en se camouflant dans les arbres. Les oiseaux sont en permanence à l'écoute de ce qui se passe autour d'eux et gardent cette habitude, même en tant qu'oiseaux de compagnie.

▼ Les oiseaux passent une bonne partie de la journée à se lisser les plumes, qu'ils atteignent presque toutes de leur bec.

◀ Au sein d'un groupe, les perroquets se relaient pour la « vigie », prêts à avertir leurs congénères de la présence d'un prédateur. Cet amazone poudré scrute consciencieusement le ciel, épiant les faucons.

▼ Un groupe d'amazones poudrés (ou amazones meuniers) en haut d'un arbre, un emplacement typique. Remarquez les couples perchés côte à côte.

❑ Construire son nid et se reproduire

Comme les autres perroquets, les amazones font leur nid dans les cavités des arbres. Il s'agit en principe de trous naturels situés vers le haut du tronc. Les oiseaux agrandissent la cavité en s'aidant de leur bec puissant, mais ils n'apportent aucun matériau, brindilles ou autres, dans le nid. La femelle pond ses œufs, de deux à quatre, sur les débris de bois qui tapissent le trou. S'il est vrai qu'elle tient la plus grande part dans l'incubation et l'élevage des oisillons, le mâle l'aide néanmoins dans sa tâche. Il revient régulièrement nourrir sa compagne d'aliments régurgités qu'il a stockés dans son jabot, jouant ainsi un rôle vital pour la femelle lorsqu'elle incube et élève les tout-petits.

Au bout de 20 à 25 jours d'incubation, les oisillons commencent à s'exprimer de l'intérieur de la coquille, établissant le contact avec leurs parents par leurs cris. Les œufs éclosent deux ou trois jours plus tard. Les oisillons naissent aveugles, couverts d'un duvet gris. Leurs parents, qui les nourrissent d'aliments régurgités partiellement digérés, voient leur progéniture grandir rapidement. Les jeunes sujets sont en mesure de prendre leur premier envol et de quitter le nid à l'âge de 10 à 13 semaines. Naïfs et maladroits, ils sont alors très vulnérables aux attaques des prédateurs. Ils sont également incapables de se nourrir tout seuls et dépendent de leurs géniteurs encore plusieurs semaines, parfois plusieurs mois, après avoir quitté le nid.

Malgré l'impatience et l'envie de voler des juvéniles, les premières tentatives se soldent souvent par un atterrissage en catastrophe. Avec l'expérience, ils finissent par maîtriser leur aptitude au vol. Maladroits dans les airs, ils ont encore besoin d'être protégés des prédateurs. Ce n'est qu'avec le temps qu'ils voleront aussi vite et bien que leurs parents. Malheureusement, nombre de juvéniles en âge de voler ne survivent pas

▼ Femelle à front bleu dans une posture indiquant sa soumission.

▲ Les mâles régurgitent souvent les aliments de leur jabot, en guise de cadeau, quand ils font leur cour.

assez longtemps pour cela. Ceux qui apprennent vite, qui contrôlent rapidement leurs techniques de vol, et qui restent sans cesse en alerte, ont cependant de bonnes chances de survie. Les jeunes oiseaux passent de deux à quatre ans au sein du groupe avant d'être en âge de se reproduire. Lorsqu'ils atteignent la maturité sexuelle, ils commencent à s'apparier et se mettent en quête de cavités pour la reproduction. À ce stade, ceux qui auront réussi à survivre auront aussi appris à connaître leur groupe, les vastes zones où trouver leur nourriture et les meilleures façons d'échapper aux prédateurs.

▲ Les perroquets amazones naissent aveugles et presque nus.

▶ Couple d'amazones diadèmes au repos.

Un amazone comme oiseau de compagnie

Les amazones comptent parmi les perroquets de compagnie les plus appréciés. Plus extravertis que d'autres espèces, ils se montreront vifs et sociables s'ils sont entre de bonnes mains, et s'intéresseront à tout ce qui se passe autour d'eux.

Contrairement aux gris d'Afrique, les perroquets amazones ont plutôt confiance en eux et ne sont pas aussi nerveux en présence d'étrangers. Ce sont d'assez bons parleurs ; cependant, aussi séduisante que soit l'idée d'apprendre à parler à son perroquet, ce ne doit pas être votre principale motivation si vous en adoptez un. Les sujets reproduits en captivité demeurent avant tout des oiseaux « sauvages », dans la mesure où ils ne sont pas domestiqués comme la plupart des animaux de compagnie et ont besoin autant que possible de se comporter comme dans la nature : une condition essentielle pour que votre ami ailé soit heureux en captivité. On l'a vu au chapitre précédent, la vie des amazones dans la nature est très différente de celle que nous leur imposons en captivité. Quoi qu'il en soit, si vous leur offrez suffisamment d'occasions de se comporter proches de leur état sauvage, entre autres grâce à de longues séances quotidiennes de vol, ils apprendront facilement à vivre en votre compagnie.

❑ De longues périodes hors de la cage

Si les amazones affichent une confiance en eux bien supérieure à certains perroquets, ils n'en demeurent pas moins des oiseaux grégaires, programmés pour vivre au sein d'un groupe social. Les amazones sauvages sont une proie facile pour bien des prédateurs, y compris les hommes ; la vie en groupe les protège de ce danger. Sans cesse en alerte, nos amis ailés se montreront toujours très prudents devant un objet inhabituel ou l'activité autour d'eux, faisant parfois preuve d'une grande méfiance devant des objets pourtant inoffensifs. Il faut donc être prudent lorsque l'on introduit de nouveaux objets ou de nouvelles personnes dans leur univers. Ce sont des oiseaux intelligents et plutôt actifs qu'il faut occuper ; on les y aidera en leur fournissant par exemple toutes sortes de jouets, notamment ceux qu'ils pourront réduire en miettes à force de les mâchouiller. Il est cependant essentiel de ne pas les laisser confinés dans leur cage et de les sortir une grande partie de la journée. Il leur faut beaucoup de temps hors de leur cage pour jouer et communiquer avec vous et les membres de la famille. Ne croyez pas que les amazones soient des pensionnaires faciles. Ils demandent beaucoup d'attention chaque jour.

◀ Comme tous ses congénères, ce perroquet amazone à front bleu devra passer plusieurs heures par jour hors de sa cage en compagnie de ses maîtres. Les amazones qui s'ennuient s'arrachent les plumes.

▼ Cet amazone aourou se penche, prudent, devant un objet qui lui paraît suspect. On remarque les plumes soigneusement serrées contre le corps : une attitude typique d'un oiseau méfiant.

▲▼ Les perroquets amazones sont très joueurs : offrez-leur toute une panoplie de jouets à renouveler régulièrement pour éveiller leur intérêt.

❑ L'élevage : une période capitale

Comme tout animal immature, les jeunes amazones affichent un comportement soumis et sont souvent vendus comme de charmants petits oiseaux apprivoisés. Ces comportements dociles sont une forme d'adaptation indiquant aux autres oiseaux qu'ils sont inoffensifs et ne constituent pas une menace ; ils sont ainsi assurés en retour d'être traités gentiment par les oiseaux adultes. Quoi qu'il en soit, vers l'âge de 2 à 3 ans, leur comportement de « bébé » va laisser la place à un caractère plus affirmé. Ce changement de tempérament est souvent une surprise pour leur maître adoptif : il est pourtant tout à fait naturel et prévisible. Certains perroquets amazones deviennent des êtres exclusifs, s'attachant à l'excès à une seule personne, ne voulant rien entendre de qui que ce soit d'autre. Il est cependant possible d'atténuer cette attitude grâce à un dressage approprié, comme nous l'expliquons un peu plus loin.

▲ La pupille noire indique qu'il s'agit d'un jeune oiseau.

❑ Les différentes façons d'élever les juvéniles

Le bon caractère d'un perroquet amazone destiné à devenir un oiseau de compagnie dépend surtout de la manière dont il aura été élevé. La plupart des perroquets vendus dans le commerce sont aujourd'hui reproduits en captivité. Ils peuvent être élevés à la main, par leurs parents, ou bien les deux. Les grandes différences de comportement constatées à l'âge adulte sont directement liées à la manière dont le perroquet a été élevé.

Les oiseaux qui n'ont jamais vu leurs propres parents et qui ont été nourris à la main dès l'éclosion de l'œuf présentent souvent certains problèmes à l'âge adulte. Ils ont tendance à être trop dépendants d'une seule personne, et ils sont plus enclins à manifester des problèmes de comportement : picage, hurlements excessifs… Ayant été privés des liens avec leurs parents naturels, ils ne se considèrent pas comme des perroquets, mais s'identifient purement et simplement aux humains pour tous leurs besoins. Bien souvent, ils manquent de confiance en eux face à une situation nouvelle. Les comportements particulièrement soumis de ces juvéniles en font des sujets plus faciles à vendre…

❑ Les oiseaux élevés par leurs parents

Les perroquets amazones élevés par leurs parents sont des oisillons moins dociles, mais leur comportement est bien plus normal à l'âge adulte. Ils montrent aussi plus d'assurance et, ce qui est très important, acquièrent une autonomie qui en fait des oiseaux beaucoup moins susceptibles de développer un comportement délicat ou de s'attacher à l'excès à une seule personne. Certains oiseaux sont aussi élevés par leurs parents au cours des premières semaines, du moins jusqu'à ce qu'ils ouvrent les yeux, puis élevés à la main. Leur caractère est donc un compromis entre les deux, et ce sont d'assez bons oiseaux de compagnie. On trouve

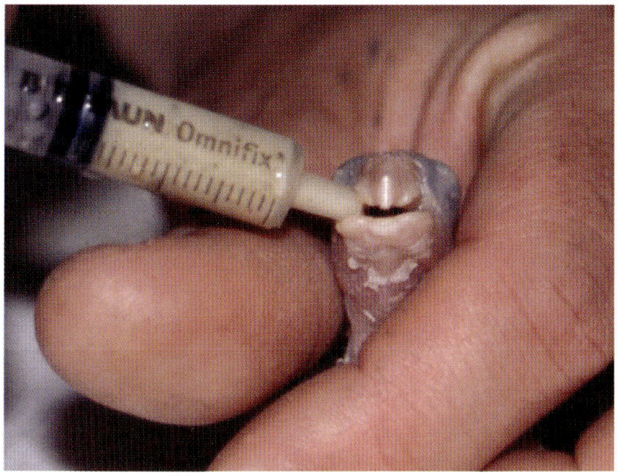

▲ Voici un perroquet amazone de 4 jours élevé à la main. Des parents nourriciers auraient été préférables pour lui !

▲ À l'âge de 7 semaines, ces amazones à joues vertes seront bientôt prêts à déployer leurs ailes pour leurs premiers essais en vol.

▲ Ces perroquets amazones à front blanc ont à peine plus de 3 semaines. Leurs yeux sont ouverts depuis déjà plusieurs jours.

beaucoup plus souvent des oiseaux élevés à la main que des oiseaux élevés par leurs parents ou par leurs parents et à la main. Toutefois, si vous avez la chance de tomber sur l'une de ces deux dernières catégories, vous serez assuré d'avoir un meilleur oiseau de compagnie.

◀ Bien qu'il soit capable de s'alimenter seul, cet amazone poudré apprécie qu'on le nourrisse à la main. Il faut plusieurs mois aux espèces de grande taille pour devenir autonomes en matière de nourriture.

L'amazone : un membre de la famille

Quel que soit l'amazone choisi, vous devez savoir que c'est un oiseau doté d'un organe vocal très puissant. Les quelques séances de hurlements perçants auxquelles il s'adonne chaque jour correspondent à un comportement normal. Ces expressions, qui durent généralement moins de trente minutes, ont souvent lieu tôt le matin ou en fin d'après-midi. Il arrive que l'amazone se fasse entendre bruyamment à d'autres moments de la journée, en cas de surexcitation. Il ne s'agit pas là d'un problème comportemental, contrairement à certains avis. L'amazone est naturellement un oiseau bruyant !

Enfants et oiseaux : une amitié à surveiller

Les espèces de grande taille, comme l'amazone à front bleu, l'amazone poudré, ou l'amazone à nuque jaune, ont un bec puissant et sont capables d'infliger des blessures graves, notamment aux enfants. Ces blessures sont rares, il est vrai, mais si vous envisagez d'acquérir un perroquet amazone et que vous avez de jeunes enfants, il est préférable de choisir une espèce plus petite, comme l'amazone diadème, l'amazone à front blanc ou encore l'amazone aourou.

Les perroquets amazones ont besoin chaque jour de longs moments hors de la cage en compagnie de leur maître adoptif et ils deviennent parfois surexcités à l'âge adulte, notamment quand les personnes qui les entourent sont elles aussi agitées ou gesticulent trop. L'amazone veut tout simplement se joindre à elles. Il suffit que tout le monde se calme dans la pièce pour que l'oiseau fasse de même. Il est donc relativement facile d'influencer le comportement de l'amazone par la façon dont son maître adoptif et les membres de la famille se comportent en sa compagnie.

Votre amazone se tiendra correctement dans une maison où l'on s'affaire, pourvu que vous l'ayez dressé à obéir à certains ordres de base venant de vous ou des membres du foyer qui souhaitent établir des liens avec lui. Nous abordons ce chapitre un peu plus loin. La compagnie d'un perroquet amazone sagement apprivoisé sera une joie pour vous, alors que le même oiseau non dressé pourrait se révéler difficile à garder. Les mâles adultes se montrent souvent agressifs sur une période spécifique de un à deux mois au printemps. Il vous faudra alors être plus prudent quand vous les manipulerez, jusqu'à ce qu'ils retrouvent un comportement plus calme. Là encore, ce trait de caractère naturel sera plus facile à gérer chez les espèces plus petites, comme l'amazone à front blanc ou l'amazone diadème.

▼ Les perroquets amazones ne doivent pas être autorisés à se poser sur l'épaule, notamment celle d'un enfant, car ils peuvent parfois mordre.

▲ Bien qu'on les trouve moins souvent dans les maisons, les amazones diadèmes sont des oiseaux de compagnie appréciés.

◄ Si certaines espèces s'attachent trop à une seule personne, ce n'est généralement pas le cas de ces perroquets.

▲ Les amazones à front blanc sont d'un naturel sociable et joueur.

▼ Quand l'oiseau mord son maître, c'est souvent parce qu'il se sent incompris. Il n'en faut pas moins surveiller les enfants quand ils jouent avec ce pensionnaire.

L'achat d'un perroquet amazone

▲ L'achat d'un perroquet en animalerie n'est pas forcément la meilleure option.

▲ La vente en ligne est monnaie courante. Allez cependant rendre visite à l'oiseau dans son environnement avant de vous décider.

Quand vient le moment d'acquérir un perroquet amazone, on pense tout naturellement aux animaleries et aux jardineries. Il existe cependant d'autres options, telles que les petites annonces des magazines spécialisés ou l'achat en direct chez l'éleveur.

Certains éleveurs autorisent la visite de leur centre d'élevage, vous laissant ainsi le temps de choisir et la liberté de revenir à plusieurs reprises pour vous familiariser avec les perroquets avant de prendre votre décision. Pensez aussi à consulter les quotidiens régionaux, où l'on trouve souvent des oiseaux plus matures. Dans le cas de la vente sur internet, prenez soin d'aller voir l'oiseau dans son environnement et de vous assurer au préalable que le vendeur est digne de confiance. Prenez aussi des garanties sur la santé de l'oiseau avant d'engager votre argent, et demandez un reçu détaillé portant, entre autres, la date de l'achat, le nom du vendeur et l'identification de l'oiseau si ce dernier porte une bague ou une puce électronique.

❑ Offrez un toit à un oiseau abandonné

Comme c'est le cas pour bien des animaux domestiques, on compte beaucoup plus de perroquets orphelins que de foyers accueillants : nombreux sont ceux qui se retrouvent dans les refuges, les centres de la SPA ou les associations pour la protection des oiseaux. Certains de ces centres cherchent une maison d'accueil pour leurs réfugiés, donnant ainsi l'occasion d'adopter et non plus d'acheter un perroquet, à condition que le centre vous juge en mesure d'offrir un accueil approprié. Certains réfugiés présentent des troubles du comportement qui expliquent pourquoi on les a laissés là. Les autres sont pour la plupart des

◄ Mieux vaut s'assurer que l'oiseau dit domestiqué est vraiment à l'aise, du moins dans les mains du vendeur.

sujets matures qui ont toujours été des oiseaux de compagnie. Dans ce cas, vous serez sans aucun doute mieux placé pour leur offrir l'attention individuelle dont ils ont besoin que ne l'est le personnel du refuge, souvent débordé. Vous trouverez des renseignements sur les centres et les refuges en tapant des mots-clés comme « perroquets – refuges », « perroquets – centre de protection » sur votre moteur de recherche internet, ou en contactant l'Afirac (Association française d'information et de recherche sur l'animal de compagnie) ou la Scaf (Société centrale d'aviculture de France), qui vous donneront des adresses fiables où l'on abrite des perroquets en quête d'un foyer.

Il arrive que des oiseaux présentés comme domestiqués ne le soient pas en réalité. Si la petite annonce avance cette mention, vérifiez que tel est le cas et que l'oiseau se sent vraiment à l'aise, du moins dans les mains du vendeur, ne serait-ce que pour les ordres « Monte » ou « Descends ». En matière d'achat, on a souvent tendance à reporter la responsabilité sur l'acheteur, prenez donc tout votre temps pour choisir votre futur protégé.

▼ Il arrive que l'on taille les ailes des perroquets vendus en animalerie. Cette pratique génère parfois des problèmes de comportement : tenez-en compte lors de l'achat.

❑ Les signes de bonne santé et de maladie

Comme beaucoup d'oiseaux, les perroquets amazones savent dissimuler leur mauvaise santé ; ils peuvent être souffrants sans manifestations particulières ; l'attention à ces oiseaux doit donc être quotidienne afin de prévenir tout signe avant-coureur de maladie. C'est pourquoi il est indispensable de connaître les caractéristiques de bonne santé de l'oiseau et d'établir un premier diagnostic en passant certains points en revue.

Un oiseau sain est actif presque toute la journée. L'œil est vif, brillant et grand ouvert. Le nez ne coule pas et l'oiseau respire sans bruit. Il est alerte, conscient de ce qui se passe autour de lui. Les plumes ne sont ni gonflées ni hérissées, mais brillantes et lissées vers le bas, sans être trop serrées. L'oiseau doit aussi s'alimenter normalement et éliminer les fientes sans forcer ; le plumage entourant le cloaque ne doit pas être souillé. Lorsqu'il dort ou se repose, un oiseau en bonne santé se tient généralement sur une patte.

Un perroquet malade présentera les symptômes inverses : le plumage sera gonflé, il sera inattentif, somnolera en permanence, les yeux seront ternes et parfois mi-clos. Il dormira sur deux pattes et non plus sur une seule.

Si l'amazone choisi ne montre pas les signes habituels de bonne santé, c'est qu'il a sûrement un problème. Dans ce cas, soyez vigilant. Vous êtes en droit de demander au propriétaire de le faire examiner par un vétérinaire et de consulter son rapport. De toute façon, un examen vétérinaire dans les jours qui suivent l'achat n'est jamais inutile.

▼ Malgré un plumage gonflé, l'œil est alerte et l'oiseau semble parfaitement conscient de ce qui se passe autour de lui.

▲ En revanche, cet amazone aourou aux yeux ternes et caves semble absent. Il y a de fortes probabilités qu'il soit malade.

▲ Remarquez le triste plumage de cet amazone. Les plumes sont légèrement gonflées, signe d'un éventuel problème de santé.

Attention, ne perdez pas de vue que les gentils petits perroquets amazones apprivoisés vendus dans les animaleries ne révéleront leur véritable caractère qu'à l'âge adulte. Les comportements adultes sont bien différents des comportements dociles des oisillons. L'avantage de l'oiseau adulte à l'achat (le plus souvent auprès d'un particulier ou d'un refuge) est qu'il s'est déjà forgé un caractère, l'acheteur aura donc moins de surprises plus tard. Lorsqu'un particulier vend un sujet adulte, c'est souvent parce qu'il est obligé de s'en séparer, mais il arrive aussi que ce soit pour un problème de comportement que son maître n'arrive pas à gérer, l'oiseau se montrant agressif, trop nerveux ou tout simplement bruyant à l'excès. Renseignez-vous sur ces différents points. La plupart du temps, il est facile de trouver des solutions, comme nous l'expliquons plus loin.

▼ Ce « nœud » de plumes indique que l'aile est peut-être endommagée.

Un peu d'anatomie

Les cinq sens, respiration, digestion, circulation sanguine, découvrez les capacités hors du commun des perroquets amazones.

❑ La vue

De même que chez les autres psittacidés, la vue est l'un des sens les plus développés chez le perroquet amazone. Son œil est doté de caractéristiques qui lui confèrent une bien meilleure vision que la nôtre. La partie visible de l'œil ne représente qu'une infime partie du globe oculaire, le crâne et l'orbite révélant la véritable taille des yeux. Situés de chaque côté de la tête, ils offrent une vision verticale et horizontale proche de 360°, qui permet à l'oiseau de repérer le danger d'où qu'il vienne, comme les attaques de faucon. Comme nous, les amazones ont aussi une bonne vision binoculaire, ou vision stéréo, des objets placés devant eux à une distance relativement proche. Tous les psittacidés peuvent passer en une fraction de seconde de la vision monoculaire à 360° au gros plan binoculaire. Par contre, les yeux des perroquets sont plus aplatis que les nôtres et ont une latitude de déplacement limitée à l'intérieur de l'orbite ; ils compensent ce petit défaut en tournant la tête quand ils observent un objet. Comme les autres oiseaux, ils disposent d'une troisième paupière qui se déplace horizontalement, et qu'il est possible d'apercevoir quand ils clignent des yeux.

Une vision optimale des couleurs

Chez les humains, la vision des couleurs est limitée à la lumière visible, qui se situe dans les longueurs d'onde violette à rouge. La plupart des perroquets en revanche perçoivent la lumière ultraviolette ainsi qu'une ou deux autres couleurs qui, on le suppose, les aident à déterminer le sexe de leur congénère, certaines nuances entre le plumage du mâle et celui de la femelle n'étant perceptibles que dans le rayonnement ultraviolet. Cette vision leur permet aussi d'identifier de loin quelques-uns de leurs fruits favoris et de savoir s'ils sont mûrs ou non. Contrairement à nous, les perroquets ont une parfaite maîtrise de leurs iris et peuvent ouvrir et fermer leurs pupilles à volonté. Ils utilisent ce système de « flash » pour signifier leur excitation ou menacer un autre oiseau.

Les oiseaux traitent l'information visuelle beaucoup plus rapidement que nous. Notre cerveau n'enregistre que 16 images par seconde. Les films et vidéos que nous regardons sont projetés à environ 25 images par seconde. Notre cerveau n'enregistrant que 16 images par seconde, nous avons donc l'illusion d'une image qui se déplace. Les oiseaux enregistrent quant à eux plus de 70 images par seconde. Cette capacité à traiter plus d'informations par seconde paraît favoriser une meilleure vision à grande vitesse dans les arbres. Les perroquets semblent particulièrement sensibles aux objets en mouvement. Votre amazone s'effraiera facilement d'un objet a priori inoffensif comme un balai ou une pelle. Prenez soin de l'en protéger tant qu'il ne sera pas familiarisé avec eux.

▼ L'iris de cette amazone indique son excitation.

▲ Les perroquets maîtrisent le degré d'ouverture de leurs iris. L'iris à demi-ouvert de cet amazone à front bleu est dans la position normale.

► Remarquez la forme aplatie de l'œil du perroquet et la structure vascularisée du pecten.

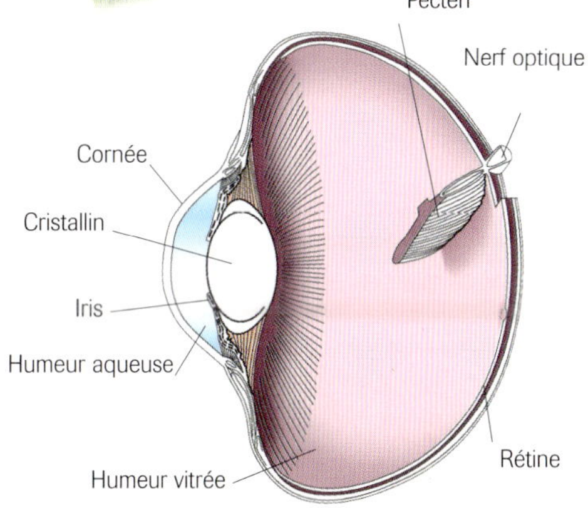

▼ La position de la cavité orbitale dans le crâne permet une vision proche de 360°.

▼ Tous les perroquets possèdent une troisième paupière transparente qui se déplace horizontalement sur l'œil.

❑ L'ouïe

Les oiseaux n'ont pas à proprement parler d'oreille externe visible. L'ouverture des oreilles est placée juste en dessous de l'œil, derrière celui-ci. À cet endroit, la couverture auriculaire, moins dense, laisse passer plus facilement les ondes sonores. Les oreilles des perroquets fonctionnent pour ainsi dire comme les nôtres. Elles servent non seulement à percevoir la même gamme sonore que nous, mais aussi à garder l'équilibre. Les vibrations de l'air provoquées par le son circulent dans le conduit auditif jusqu'au tympan puis traversent un os minuscule pour arriver dans l'oreille interne remplie de fluide, laquelle fonctionne un peu comme un micro et transmet les signaux électriques au cerveau plusieurs dizaines de fois par seconde.

L'oreille interne d'un perroquet abrite une série de trois canaux semi-circulaires qui lui permettent de détecter la gravité et de garder l'équilibre. Cet appareil auditif envoie au cerveau de l'oiseau des signaux qui lui assurent l'équilibre et un bon positionnement en vol. Quelle que soit sa position dans le ciel, malgré les virages, les piqués et les tournoiements de toutes sortes, il pourra garder la tête aussi horizontale que possible grâce à ces canaux semi-circulaires.

❑ Le toucher et le goût

La peau des oiseaux est sensible au toucher sur tout le corps, y compris quand on dérange leurs plumes, qu'on les effleure sous la pression de l'air et en cas de douleur localisée. Chez les perroquets, les zones les plus sensibles sont la langue et les pieds. En effet, ce sont certainement les seuls à utiliser leur langue comme ils le font. Le premier contact avec un aliment ou un objet inconnus se fait en général avec l'avant du bec. L'oiseau commence par donner de petits coups, pour s'assurer peut-être qu'il n'y a aucun danger, puis utilise sa langue comme on le ferait du bout du doigt, pour sentir l'objet. La langue des perroquets est très musclée, mais aussi très sensible à la température et à la texture des choses. Ils s'en servent pour trouver le point faible des noix ou des graines avant de les décortiquer.

Les perroquets partagent certains goûts avec nous : sucré, salé, aigre, amer. En revanche, ils ne distinguent pas les saveurs fortes et épicées, comme le piment. La plupart de leurs papilles gustatives ne sont pas sur la langue, mais sur la voûte du palais : la langue y transfère de minuscules portions « tests » avant que l'oiseau les avale ou les recrache.

▲ Essentiels à l'équilibre, les canaux semi-circulaires sont composés de trois anneaux remplis de fluide.

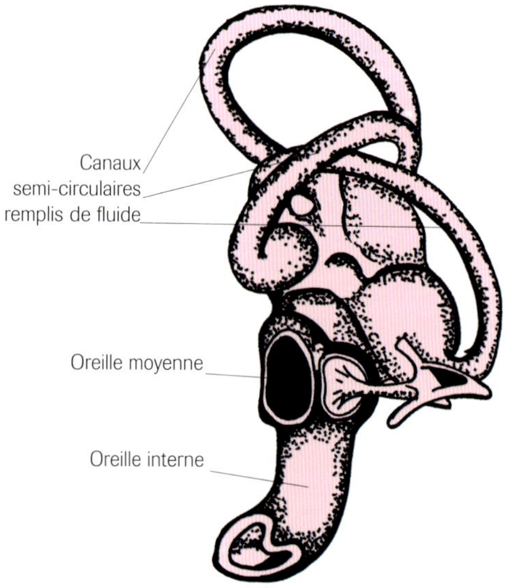

Les pattes des perroquets sont très sensibles au toucher, en particulier aux vibrations, ce qui leur permet de sentir tout de suite quand quelque chose rampe sur la branche ou le perchoir, notamment la nuit, quand leur vision est très limitée. Sachant de quel côté de la branche vient le danger, l'oiseau pourra s'enfuir si besoin est. Ils ont en revanche un odorat peu développé.

► Le dessous des doigts des perroquets est très sensible au toucher et aux vibrations. Menacés par les attaques nocturnes des prédateurs, les perroquets ont une mauvaise vue la nuit, compensée par la sensibilité de leurs pattes, qui leur permet de détecter la présence d'un prédateur dès qu'il tente de s'approcher.

▼ L'oiseau se sert de la face supérieure, extrêmement sensible, de sa langue pour tester la texture et le goût de cette cacahuète avant de la décortiquer.

❑ L'appareil respiratoire et le système sanguin

Comme tous les oiseaux volants, les perroquets amazones ont un appareil respiratoire et un système sanguin qui ont évolué avec le temps pour leur permettre de voler vite sur des distances considérables, sans pour autant se fatiguer. L'oxygène de l'air frais sert à « brûler » leur carburant, à savoir la nourriture dissoute dans l'intestin. Ce « carburant » est utilisé pour les fonctions corporelles comme la conservation de la chaleur et, bien entendu, l'apport d'énergie dont les muscles ont besoin au fil de leurs nombreuses activités, notamment dans les airs. Car si le vol est un moyen de déplacement extrêmement efficace (bien plus que la marche), il demande aussi une grande quantité d'énergie. Les amazones ont un rythme cardiaque qui relèverait de l'hyperventilation chez d'autres animaux, mais ils disposent d'un appareil respiratoire adapté à « l'indice d'octane élevé » qu'impose leur respiration particulièrement rapide. Quant aux déchets inhérents à l'activité en vol, et qui sont pour l'essentiel le dioxyde de carbone et l'eau, ils sont éliminés aussi rapidement dans la

Un métabolisme de pointe

En terme d'effort, la différence entre un oiseau qui marche et un oiseau qui vole s'apparente à celle entre un tracteur et un bolide. Outre leurs poumons, analogues aux nôtres, les oiseaux possèdent un système de sacs aériens répartis dans tout le corps. Ces sacs ne sont rien d'autres que des poches d'air ; cependant, en envoyant de l'air autour d'eux à une vitesse élevée, les poumons bénéficient d'un apport d'air frais constant. Au lieu d'être aspiré et soufflé comme chez l'homme, l'air circule à travers les poumons, toujours dans la même direction. Les poumons sont donc gonflés en permanence. Ces « améliorations » confèrent aux oiseaux un système respiratoire plus efficace que celui des humains.

Les perroquets ont un cœur à quatre compartiments comparable au nôtre. Leur appareil circulatoire fonctionne à un rythme très élevé en corrélation avec leur respiration rapide. Au repos, le cœur d'un perroquet bat près de 140 fois par minute, plus de deux fois plus vite que le cœur humain. En vol, ce rythme cardiaque atteint 900 battements par minute, un chiffre relativement normal chez les perroquets. Supérieure à celle de l'homme, la température sanguine d'un amazone oscille entre 40 et 41 °C. Toutes ces spécificités permettent au corps d'un perroquet de fonctionner à un rythme beaucoup plus élevé que chez la plupart des mammifères de taille analogue, et sont fondamentales afin qu'il maintienne sa vitesse en vol sans se fatiguer.

▶ Comparé au vol battu, à savoir quand le perroquet bat des ailes, la marche demande peu d'énergie. Cet amazone aourou peut voler à près de 56 km/h. Les perroquets sauvages maintiennent cette vitesse des heures durant si nécessaire.

▶ Le cœur d'un perroquet est assez semblable au nôtre, mais il bat beaucoup plus vite, ce qui permet à l'oiseau de maintenir une vitesse élevée en vol sur de longues distances.

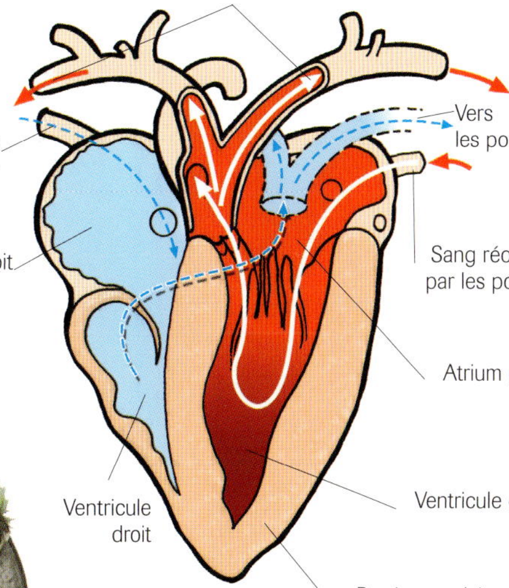

▼ Le système de sacs aériens est spécifique aux oiseaux. Il leur permet de respirer rapidement sans risque d'hyperventilation, comme ce serait le cas chez les mammifères. Grâce à ce système, les poumons reçoivent plus d'oxygène par seconde que ceux d'un mammifère de taille équivalente.

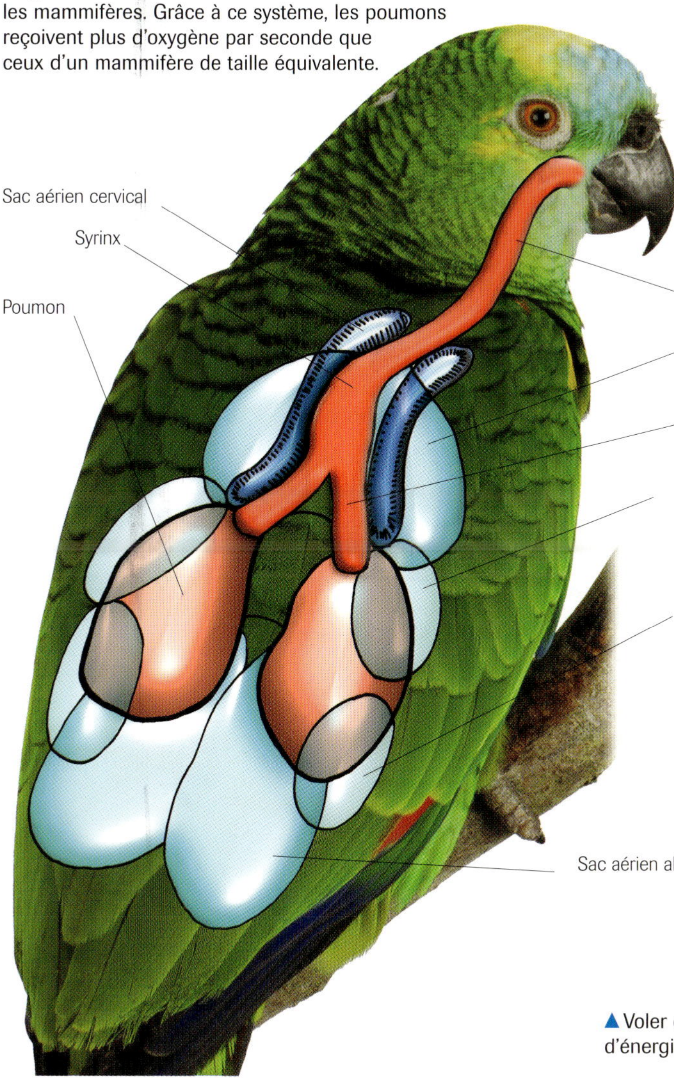

▲ Voler demande une grande quantité d'énergie au métabolisme de l'oiseau.

❑ Le système digestif

Les perroquets amazones sont des végétariens qui se nourrissent d'une grande variété de fruits, de fleurs, de graines et de noix, ainsi que de jeunes feuilles et de pousses. Ils préfèrent tout ce qui a une grande valeur nutritive, et se tournent naturellement vers les aliments riches en graisse, comme les noix et les graines, et les aliments riches en sucre tels des fruits mûrs et sucrés. Le bec des perroquets amazones est un outil polyvalent aux bords tranchants, assez puissant pour couper et broyer la nourriture. Ils s'en servent avec beaucoup d'adresse, en association avec les muscles ultrasensibles de la langue pour examiner et manipuler les aliments. Lorsque leur bec ne suffit plus, les amazones se servent également de leurs pattes pour tenir les plus gros aliments. Contrairement à la plupart des autres oiseaux, les perroquets utilisent leur bec comme une mâchoire pour couper la nourriture en petits morceaux avant de l'avaler. Ils jettent les parties pauvres en nutriments, telles que la peau du raisin ou l'enveloppe des graines qu'ils pèlent ou décortiquent du bec avant d'ingurgiter la partie la plus nutritive.

▲Après plusieurs tentatives manquées, les juvéniles finissent par apprendre à manipuler les objets de la patte, un apprentissage qui se fait au cours des premiers mois.

◀Si on leur laisse le choix, les amazones préfèrent généralement les aliments riches en graisse. Cet amazone aourou a choisi une cacahuète qui contient 46 % de matière grasse. Il faudra veiller à restreindre les graisses chez les amazones en captivité.

◀ La fiente des oiseaux est plus humide quand ils mangent des fruits et des légumes. Ne vous inquiétez pas, c'est tout à fait normal.

▼ L'appareil digestif des perroquets est assez court. Étalé, il équivaut à environ trois fois la longueur de l'oiseau. Les perroquets ne gaspillent pas leur énergie en essayant de digérer les parties pauvres en nutriments des graines et des fruits. Ils décortiquent et délaissent les enveloppes et les coques inutiles et se concentrent uniquement sur les parties très nutritives.

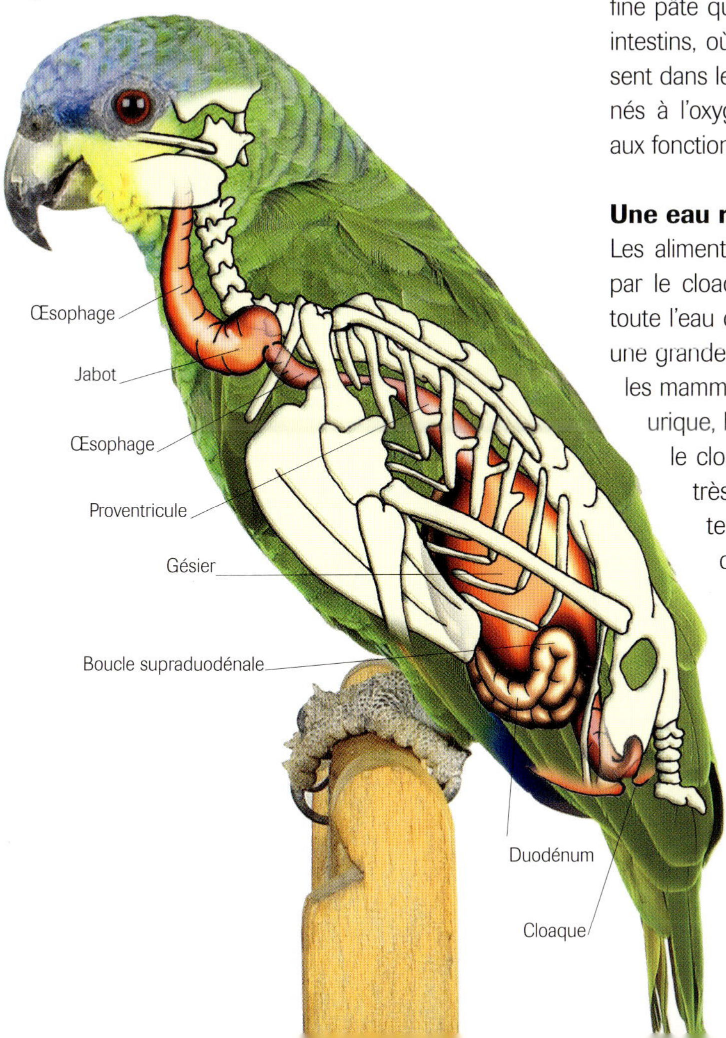

Une digestion très rapide

Les aliments transitent ensuite dans le jabot, qui est une poche située en haut de l'œsophage, dans lequel les aliments sont stockés en attendant les autres phases de la digestion. Ils passent ensuite dans le proventricule, la poche supérieure de l'estomac où commence la digestion à proprement parler. Les sucs gastriques qui y sont secrétés sont mélangés aux aliments, qui descendent ensuite dans le gésier, la partie la plus musclée de l'estomac, où ils sont broyés sous la pression de ce muscle. Il faut savoir que la paroi interne du gésier est aussi abrasive que du papier de verre. Au terme de ce broyage, les aliments sont réduits en une fine pâte qui descend alors dans le duodénum et les intestins, où les nutriments parfaitement digérés passent dans le sang. Ce sont ces nutriments qui, combinés à l'oxygène, fournissent le carburant nécessaire aux fonctions corporelles de l'oiseau.

Une eau recyclée

Les aliments indigestes et les déchets sont évacués par le cloaque. Les perroquets gardent et recyclent toute l'eau qui leur est nécessaire au lieu de produire une grande quantité d'urine, comme c'est le cas chez les mammifères. En revanche, ils exsudent de l'acide urique, la partie blanche de la fiente, là encore par le cloaque. Le tube digestif des perroquets est très court : cette particularité, associée à une température corporelle élevée, leur permet de digérer complètement en quelques minutes, et il ne leur faudra pas plus de temps pour l'excrétion des déchets.

Les amazones en vol

Les amazones sont avant tout des oiseaux volants. Voler est pour eux une manière normale de se déplacer, aussi naturelle que marcher l'est pour nous.

❑ Les aptitudes au vol des amazones

Les oiseaux volants doivent éviter tout excédent de bagage : chaque cellule de leur corps est conçue pour réduire leur poids au minimum sans pour autant perdre leurs forces. Ils ont des os creux, des plumes extrêmement légères et presque pas de graisse. Ils disposent également d'un moteur puissant, constitué des grands muscles pectoraux, et d'un gros cœur, qui leur permet de voler des heures durant si besoin est.

Les oiseaux s'élèvent dans les airs grâce à la forme légèrement incurvée de leurs ailes. Quand l'air circule sur la face supérieure de celles-ci, il les propulse (et donc l'oiseau) vers le haut. Plus ce courant d'air supérieur est rapide, plus la force ascensionnelle s'exerce. La moitié externe de l'aile, à savoir les dix rémiges primaires, assure la propulsion nécessaire au maintien de ce courant. Lorsque l'amazone abaisse les ailes vers l'arrière, l'air est repoussé sur l'aile, vers le bas et vers l'arrière. Indépendamment de l'attraction terrestre, le principal facteur ralentissant le vol est le freinage provoqué par la friction de l'oiseau et de l'air, un phénomène appelé « traînée », qu'atténue toutefois la silhouette aérodynamique de l'oiseau.

❑ Les différentes formes de vol

Il existe deux formes de vol : le vol battu et le vol plané. Dans le vol battu, le battement régulier des ailes permet à l'oiseau de prendre de l'altitude aussi facilement que rapidement. La vitesse de croisière des perroquets amazones se situe entre 56 et 72 km/h, une vitesse qu'ils peuvent maintenir pendant des heures. Les amazones sauvages sont ainsi capables de couvrir de très longues distances en quelques minutes. Le vol battu est très gourmand en énergie, mais le corps de l'amazone y est parfaitement adapté.

Les amazones pratiquent aussi le vol plané, qu'ils réservent généralement à l'atterrissage. L'oiseau prêt à se poser cesse de battre des ailes, tout en les gardant

▶ Lorsqu'il se bloque ou fait du surplace, l'oiseau adopte une position verticale ; la queue qui redescend sert de frein pour bloquer l'avancée. L'oiseau peut alors virer sur place en battant plus fort d'un côté que de l'autre.

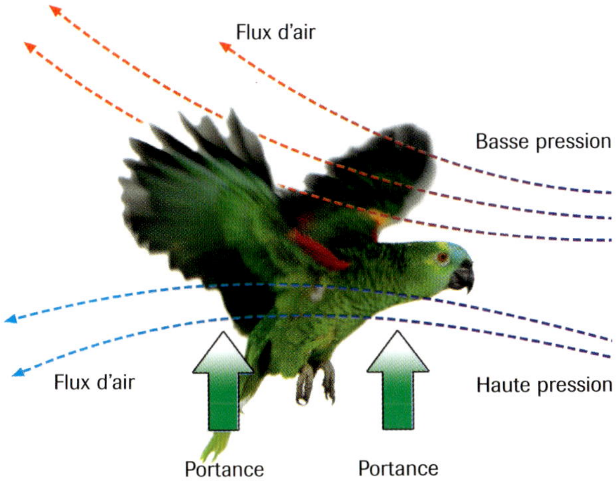

◀ Le profil aérodynamique de l'aile d'un oiseau est analogue à celui des ailes d'un avion. L'air qui circule rapidement sur leur surface incurvée engendre un mouvement ascendant. Pour créer cette circulation d'air, l'avion a recours au moteur, tandis que les oiseaux battent des ailes, les rémiges primaires externes faisant l'essentiel du travail.

▼ Cet amazone à front bleu atterrit avec la précision d'un as de l'aviation. Voyez comment la queue déployée en éventail agit comme un frein et comment les ailes sont utilisées pour la poussée inversée, empêchant toute circulation d'air pour passer à l'arrêt au moment où les pieds agrippent le perchoir.

déployées tandis qu'il glisse dans les airs. Cette passivité l'amène à perdre progressivement de l'altitude. Après quoi, soit il se pose, soit il remet le « moteur » en marche en battant des ailes pour reprendre de la hauteur. Les amazones savent aussi faire du surplace, virer à 360° en un point donné, et se bloquer à l'atterrissage avant d'agripper le perchoir de leurs pattes. Les ailes et le corps tout entier entrent en action à chaque étape du vol. Les rémiges primaires sont utilisées pour la propulsion, la direction, et servent aussi de freins aérodynamiques en poussée inversée à l'atterrissage. La queue sert également à la direction et s'apparente au volet horizontal d'un avion au moment de la décélération, à l'atterrissage.

Se poser avec précision sur un petit perchoir demande une bonne coordination des mouvements et une technique parfaite.

❑ Premières leçons dans les airs

Les perroquets amazones quittent le nid quand ils atteignent 9 à 12 semaines, mais ils doivent compter encore plusieurs mois sur leurs parents pour leur nourriture et leur sécurité. Quitter le nid c'est aussi faire sa première tentative d'envol. À cet âge, les oisillons sont impatients de voler, mais leur habileté dans les airs demeure très limitée. Chacun fera son apprentissage au prix d'une grande ténacité et de bien des tentatives vaines. Les jeunes sujets s'entraînent parfois à battre des ailes sur le perchoir, ce qui leur permet de renforcer leurs pectoraux (les principaux muscles utilisés en vol) et de « ressentir » la puissance de leurs ailes et la portance qu'elles génèrent. Très vite, les petits ont suffisamment confiance en eux pour prendre leur envol, une première qui se solde le plus souvent par un atterrissage maladroit. Au bout de plusieurs jours, cependant, leur aptitude à manœuvrer et à contrôler leur vitesse et leur direction dans les airs finit par s'améliorer et ils parviennent alors à se poser avec plus de précision.

L'importance d'un bon apprentissage

À ce stade, il est essentiel d'encourager les juvéniles élevés en captivité à voler. Cette pratique leur permet de se développer normalement, y compris au niveau des muscles et du cœur. Si vous ne leur donnez pas l'occasion d'apprendre dès leur plus jeune âge, ils ne sauront jamais vraiment voler et présenteront des problèmes de comportement leur vie durant. Incapables de fuir ce qui les effraie par exemple, ils deviendront phobiques et montreront une appréhension excessive devant un geste ou un objet inoffensifs.

Dans la nature, les oiseaux s'envolent face au vent, comme les avions. En effet, plus l'air circule sur les ailes, plus l'oiseau s'élève facilement. Les oiseaux en captivité ont rarement cet avantage, il leur faut donc souvent plus de temps pour apprendre à bien voler à l'intérieur, où l'espace est généralement limité et où il n'y a pas de vent pour les aider à se placer dans la bonne direction lorsqu'ils s'envolent et qu'ils se posent. Toutefois, au bout de quelques semaines, la plupart des oiseaux élevés en captivité auront acquis les techniques de vol et sauront les utiliser.

▶ L'amazone révèle pleinement ses couleurs une fois ses ailes déployées.

◀ L'oiseau baisse la tête et ouvre ses ailes tandis qu'il se prépare à l'envol. Il quitte ensuite son perchoir d'un bond précis afin de ne pas s'y frotter les ailes au premier battement. L'envol est chose facile pour un oisillon ; l'atterrissage en revanche demande plus d'entraînement.

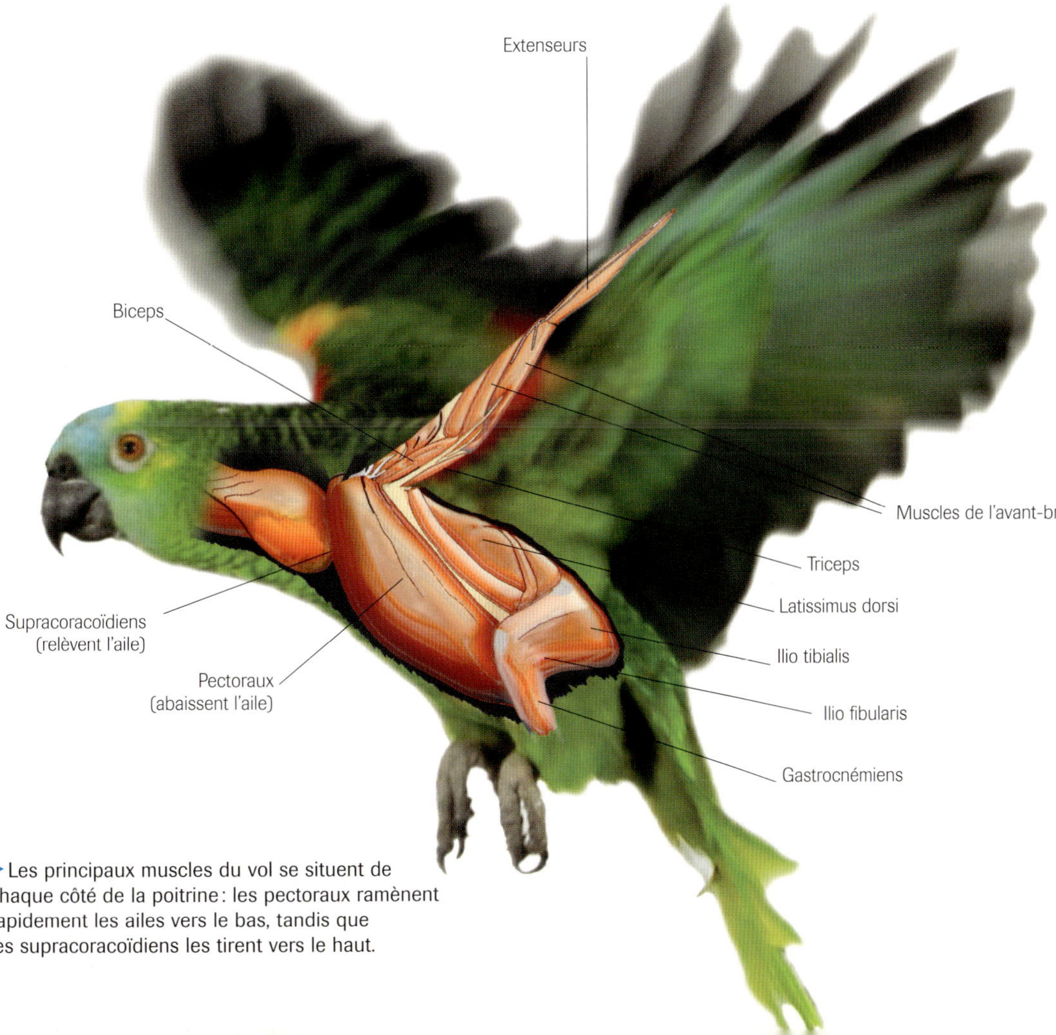

▶ Les principaux muscles du vol se situent de chaque côté de la poitrine : les pectoraux ramènent rapidement les ailes vers le bas, tandis que les supracoracoïdiens les tirent vers le haut.

❑ La sécurité à la maison

Il y a deux règles à respecter pour la sécurité de votre oiseau lorsqu'il est hors de sa cage : la première est de le mettre à l'abri des accidents domestiques, la seconde est d'admettre que vous avez tout intérêt à le dresser à certaines demandes comme se poser ou s'envoler (voir le chapitre « Éducation »).

Pensez à fermer les fenêtres et les portes donnant sur l'extérieur avant de demander à votre perroquet de sortir de sa cage. Vous pouvez aussi doubler les fenêtres d'un grillage de protection, ce qui vous permettra de les laisser ouvertes sans risquer de le voir fuguer. Habillez toutes les fenêtres de voilage dans les pièces où évolue votre pensionnaire : vous lui épargnerez la tentation de passer à travers la vitre ! Les grands miroirs sont également perturbants et dangereux ; il est préférable de les enlever. De même, les ventilateurs de plafond peuvent effrayer votre protégé, qui risque de prendre les lames pour les ailes d'un prédateur, y compris quand le ventilateur est à l'arrêt. Mieux vaut donc interdire l'accès d'une pièce munie d'un ventilateur de ce type. La cuisine présente quant à elle tellement de dangers – surfaces brûlantes, fours et autres appareils électriques – que votre ami ailé ne doit jamais y entrer. Sachez enfin que votre amazone risque la noyade s'il tombe dans les toilettes, le lavabo ou tout autre récipient rempli d'eau.

La découverte des lieux

Un oiseau a besoin de temps pour s'acclimater et voler dans une pièce qu'il ne connaît pas. Il faut donc l'introduire avec précaution, sinon il ne saura pas où se poser sans danger. Cette phase de reconnaissance doit faire l'objet d'un apprentissage rigoureux, au cours duquel on lui demande de se poser à un certain nombre d'endroits précis. On récompense ensuite sa docilité d'une petite friandise. Ces perchoirs potentiels pourront être le dos d'un fauteuil, du canapé, un rebord de fenêtre, une table, ou encore un arbre à oiseau. La première fois que votre amazone se perchera à un nouvel endroit, attendez quelques secondes avant de lui demander de se poser sur votre main. Une fois habitué à s'en servir comme perchoir, il aura moins peur de voler dans la pièce, car il saura où se poser et n'aura plus à craindre d'atterrir en catastrophe.

Si votre amazone, effrayé, s'enfuit à tire-d'aile et chute maladroitement, ne vous approchez pas tout de suite. Laissez-lui le temps de retrouver ses esprits. Le risque, si vous approchez trop vite d'un oiseau apeuré, c'est qu'il vous associe à l'incident et qu'il ait très peur de vous et de vos mains à l'avenir.

◄ Couvrez ou supprimez les grands miroirs, et habillez les fenêtres de voilage.

Ne laissez pas un oiseau découvrir une nouvelle pièce tout seul. Prenez le temps de le familiariser avec les perchoirs que vous lui destinez. Demandez-lui de se poser sur plusieurs endroits différents et récompensez-le aussitôt.

Après quelques séances de ce dressage basé sur la récompense, la plupart des oiseaux s'habituent à la nouvelle pièce.

Ne vous approchez pas tout de suite d'un oiseau qui vient de tomber en se posant. Laissez-lui le temps de retrouver ses esprits, puis demandez-lui de venir vers vous.

Cages et volières

Votre compagnon ailé va certainement être logé dans une cage : le temps passé chaque jour entre ces grilles va considérablement influer sur sa qualité de vie et son comportement. Si vous voulez que votre perroquet amazone se sente aussi bien physiquement que mentalement, laissez-le plusieurs heures par jour hors de sa cage, afin qu'il établisse des liens avec vous et votre famille et/ou avec les autres oiseaux de la maisonnée.

❑ Le choix de la cage

La cage doit être assez spacieuse pour que le perroquet puisse y battre des ailes. Leur envergure, mesurée d'une extrémité à l'autre toutes ailes déployées, comme en vol, doit donc être votre premier critère de choix. Les plus petites espèces, comme l'amazone à front blanc, ont une envergure d'environ 53 cm. Chez l'amazone à front bleu ou l'aourou, elle peut atteindre jusqu'à 71 cm, et dépasser 76 cm chez l'amazone poudré et l'amazone à nuque jaune. Une cage aux dimensions supérieures à l'envergure, en termes de hauteur, de longueur et de profondeur, permettra à l'oiseau de déployer ses ailes librement. La largeur et la profondeur sont cependant plus importantes que la hauteur, dans la mesure où l'oiseau n'évolue que dans la moitié supérieure de sa cage.

Si les meilleures cages, qui sont aussi les plus chères, sont en acier inoxydable, la plupart sont en acier doux recouvert de plusieurs couches de peinture émaillée. L'émaillage durcit la peinture et lui permet de résister aux coups de griffes et de bec de l'oiseau. Les barreaux devront être assez épais et solides pour qu'il ne les torde pas, ou qu'il ne soit pas tenté de grignoter le revêtement protecteur. Les perroquets adorent grimper un peu partout, ce qui leur fait aussi de l'exercice. Préférez donc des barreaux horizontaux plutôt que verticaux. Pour la sécurité de votre pensionnaire, il ne faut pas qu'il puisse passer la tête entre les barres : l'intervalle sera donc au plus de 2,5 cm. Enfin, vous aurez tout intérêt à choisir une cage équipée de mangeoires pivotantes, qui permettent de changer la nourriture de l'extérieur. Préférez un plateau pivotant en métal et non en plastique, afin que l'oiseau n'y fasse pas son bec.

◀ On calcule ici l'envergure d'un amazone aourou. Son envergure totale est de 60 cm.

▲ Les mangeoires que l'on peut changer de l'extérieur sont pratiques quand un remplaçant doit nourrir le perroquet en votre absence.

▶ Voici une cage de bonne facture, dont l'espacement des barreaux convient aux amazones adultes.

❑ L'installation de la cage

La plupart des cages sont entièrement grillagées et dépourvues d'un côté plein : il faudra donc toujours placer l'arrière contre le mur, pour que le perroquet se sente plus en sécurité. Choisissez de préférence un emplacement donnant sur une fenêtre, voire un jardin, où les allées et venues des autres oiseaux occuperont votre pensionnaire. Prenez soin en revanche d'éviter le plein soleil, afin que la cage ne soit pas surchauffée. En ce qui concerne la hauteur, placez la cage de sorte que les perchoirs supérieurs permettent à l'oiseau d'être au niveau de votre regard quand vous êtes debout devant lui. Si l'oiseau se montre nerveux, remontez le perchoir ou la cage pour l'obliger à baisser les yeux vers vous. Quand le fond amovible se double d'une grille de protection, retirez-la et recouvrez le fond de papier journal, que vous changerez chaque jour.

▼ Les perroquets risquent de prendre peur si tous les côtés de leur cage sont exposés. Les cages entièrement grillagées sont dotées d'un store que l'on peut descendre à l'arrière pour que l'oiseau se sente plus en sécurité.

❑ Des perchoirs en bois naturel

Pour que l'amazone fasse travailler correctement ses pattes, équipez la cage de perchoirs aux diamètres différents. Les cages sont souvent livrées avec des perchoirs trop épais, tous de même diamètre. Les pattes des perroquets sont dotées d'un mécanisme de verrouillage qui leur permet de s'agripper sans effort au perchoir quand il n'est pas trop épais. Dans le cas de l'amazone, le diamètre idéal est de 20 mm pour le perchoir le plus confortable, celui du haut. Le perroquet amazone pourra ainsi l'enserrer presque parfaitement de ses doigts. Les autres perchoirs pourront être un peu plus fins ou plus épais. Les modèles en bois dur non traité, comme le frêne, l'aubépine, l'érable, le noisetier et le cerisier, sont l'idéal. Les perchoirs de corde en fibres naturelles, comme le coton, le jute ou le chanvre, présentent eux aussi certains avantages.

Évitez les modèles en bois tendre : le perroquet les mettrait en pièces en quelques minutes. De plus, le bois tendre renferme une sorte de résine poisseuse qui collerait aux plumes de l'oiseau. Évitez également tous les modèles en plastique. La plupart des oiseaux gri-

▼ Ce perchoir plus fin, en revanche, permet à l'oiseau de l'enserrer convenablement de tous ses doigts.

gnotent leur perchoir pour se faire le bec. Il faut donc les considérer comme des denrées jetables et périssables à renouveler régulièrement. Dans la mesure où ils sont vite sales, mieux vaut prévoir deux jeux par cage, pour en avoir toujours un de propre sous la main. Il existe également des perchoirs au revêtement abrasif pour user les griffes. Tous les perroquets doivent cependant avoir des griffes assez aiguisées pour s'agripper aux surfaces lisses. Attention : le perchoir abrasif ne doit pas être leur perchoir préféré dans le haut de la cage, mais sera installé dans la partie inférieure.

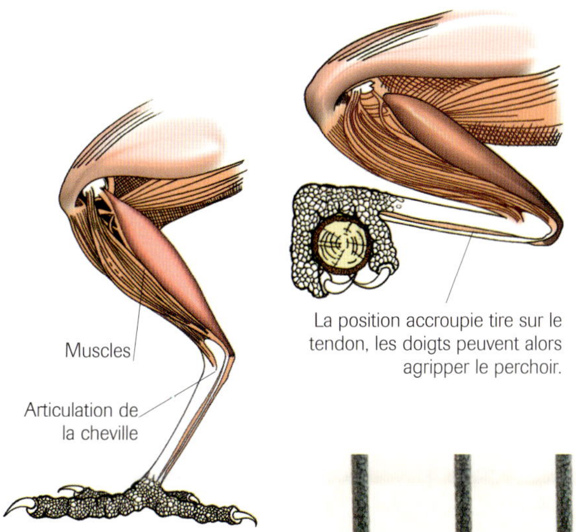

▲La position debout demande beaucoup plus d'énergie aux muscles des pattes. Si le perchoir est trop épais, l'amazone ne peut pas l'accrocher spontanément, il est alors obligé de se tenir debout.

▲Ce perchoir est trop épais pour que le mécanisme de verrouillage des doigts fonctionne. L'oiseau ne sera pas à l'aise pour dormir.

►Si vous optez pour un perchoir abrasif, installez-le dans la partie inférieure de la cage.

❑ L'aménagement de la cage

Pour stimuler les neurones de votre perroquet, la cage doit être aussi attrayante que possible : son aménagement intérieur est donc très important. On trouve aujourd'hui un grand choix de jouets pour perroquets, répartis en deux grandes catégories : les jouets suspendus et les jouets de pattes, plus petits. Les jouets suspendus durent plus longtemps que les jouets de pattes, mais votre pensionnaire finira tout de même par les détruire en les grignotant. N'installez que deux ou trois jouets suspendus à la fois dans la cage. Toutefois, pour amuser votre amazone et éveiller son intérêt, prévoyez du stock et changez-les tous les trois ou quatre jours.

Les jouets de pattes, ou jouets de tapis, sont les petits modèles que l'amazone peut tenir entre ses pattes. Ces jouets, qui sont souvent ses préférés, sont conçus pour être détruits et non pour durer. On en trouve facilement dans le commerce, mais on peut aussi les fabriquer soi-même à moindre coût. Pommes de pin, boîtes en carton, pinces à linge, bâtons de sucette, morceaux de journaux tire-bouchonnés, bâtonnets de bois et petites boules en plastique dur feront très bien l'affaire. On peut aussi fabriquer ou acheter une « suprise » dans laquelle sera cachée la friandise offerte en récompense : dans ce cas, laissez votre amazone se débrouiller pour la sortir de sa cachette.

❑ Sécurité oblige

Les jouets ne doivent présenter aucun danger. Évitez tous ceux qui possèdent une partie métallique tranchante ou saillante, que l'oiseau pourrait avaler. Les cordons d'attache doivent être très courts, afin que l'oiseau ne s'étrangle pas ou ne se prenne pas les pattes dedans. Attention également aux jouets munis d'anneaux. Ces derniers doivent être ou trop

▶ Les petites balles et autres jouets de pattes qui font du bruit intriguent le perroquet, qui va tenter de les démonter. L'oiseau sera d'autant plus heureux si le jouet cache une petite friandise.

▼Prenez le temps de familiariser l'oiseau avec ses nouveaux jouets suspendus en jouant avec, par exemple, avant de les installer près de la cage.

petits pour que l'amazone ne puisse pas passer sa tête à travers ou, à l'inverse, suffisamment larges pour qu'il y passe facilement tout le corps. Si votre amazone se montre agressif ou surexcité devant un miroir dans son espace vital, placez cet objet ailleurs.

L'installation d'une petite niche à oiseau, où votre locataire pourra se cacher ou dormir la nuit, est vivement conseillée dans la mesure où les amazones sont généralement silencieux à l'intérieur. Cette boîte, qui a tout d'un nichoir, sera fabriquée en contreplaqué de 19 mm et devra mesurer environ 30 cm de côté sur 18 cm de haut pour les petites espèces. Pour les espèces plus grandes, comme l'amazone poudré ou l'amazone à nuque jaune, choisissez un modèle de 36 cm de côté sur 20 cm de haut. Prévoyez un trou assez large pour l'entrée, installez-la aussi haut que possible, et fixez-la solidement. Placez un tapis de copeaux de bois de 40 mm à l'intérieur et éventuellement un jouet à ronger pour occuper votre protégé.

▼Les petits jouets à ronger qu'ils peuvent tenir dans leurs pattes et mâchouiller jusqu'à les mettre en pièces sont souvent les préférés des amazones.

◄ L'entrée de la niche devra être assez large pour un accès facile et rapide de l'oiseau. Installez cette boîte assez haut dans la cage.

❑ Les grands perchoirs

Lâché hors de sa cage, l'amazone a besoin de plusieurs endroits où voler et se poser, tels un dos de fauteuil, un rebord de fenêtre ou un dessus de table. Il faudra aussi prévoir au moins un grand perchoir mobile, où il pourra se distraire avec ses jouets et, le cas échéant, manger. Ce modèle, parfois appelé arbre à oiseaux, est doté de plusieurs perches auxquelles on peut aussi accrocher des mangeoires et une ribambelle de petits jouets. Indépendamment de l'arbre à oiseaux, prévoyez une table-perchoir à roulettes, que vous déplacerez d'une pièce à l'autre. Les amazones préférant les perchoirs aux surfaces planes, ils adopteront vite cette solution, idéale pour eux.

▶ On trouve un large choix de perchoirs et d'arbres à oiseaux. Choisissez un arbre à oiseaux équipé de différents perchoirs. Il faut aussi pouvoir y accrocher mangeoires et abreuvoirs. En complément, pensez à acheter une table-perchoir sur roulettes à déplacer de pièce en pièce.

❑ Les volières

Si vous pouvez offrir à votre amazone une volière en extérieur, vous lui apporterez beaucoup. Vous pourrez ainsi le laisser voler à l'air libre toute la journée si le temps le permet et le rentrer avant la tombée de la nuit. La volière pourra aussi servir en hiver, les jours cléments. Les plumes des oiseaux qui ont la chance de voler dehors sont bien plus belles que celles des sujets cloîtrés à l'intérieur. Un peu de vent et de pluie de temps en temps les embellira encore.

Pour que l'amazone ait envie d'y évoluer, la volière doit mesurer au moins 2,40 m de long et 1,80 m de haut. Si l'arrière est plus haut que la façade, prévoyez un toit en pente qui laissera l'eau s'écouler. Choisissez un grillage de qualité supérieure, tel qu'un calibre n° 14 à mailles soudées de 2,5 cm par 2,5 cm. Le calibre correspond à l'épaisseur du fil de fer. Quant au châssis, il sera en bois ou en métal. Dans le cas du bois, optez pour des tasseaux de section carrée de 5 ou 7,5 cm, et posez le grillage sur l'intérieur, pour dissuader l'amazone de rogner le bois.

Afin que l'oiseau se sente en sécurité, l'arrière de la volière sera doublé d'une paroi rigide et opaque, ou accolé à un mur. La volière devant être partiellement abritée de la pluie et du soleil directs, couvrez également une partie du toit d'une plaque de plastique rigide et opaque, qui apportera de l'ombre.

Pour le sol, vous avez le choix entre le béton, le gravier ou l'herbe folle. Équipez la volière de nombreux perchoirs, balançoires en corde, jouets, et prévoyez des mangeoires et buvettes pivotantes. Habituez l'oiseau à sa volière comme vous l'avez familiarisé avec une nouvelle pièce.

◀ Une volière offrant de multiples endroits que l'oiseau pourra utiliser l'encouragera à être plus actif et à voler.

▼ Placée de préférence contre un mur, la volière ouvre de nouveaux horizons à votre perroquet. Vous pourrez l'utiliser pour le laisser voler la journée, y compris en hiver si le temps est clément.

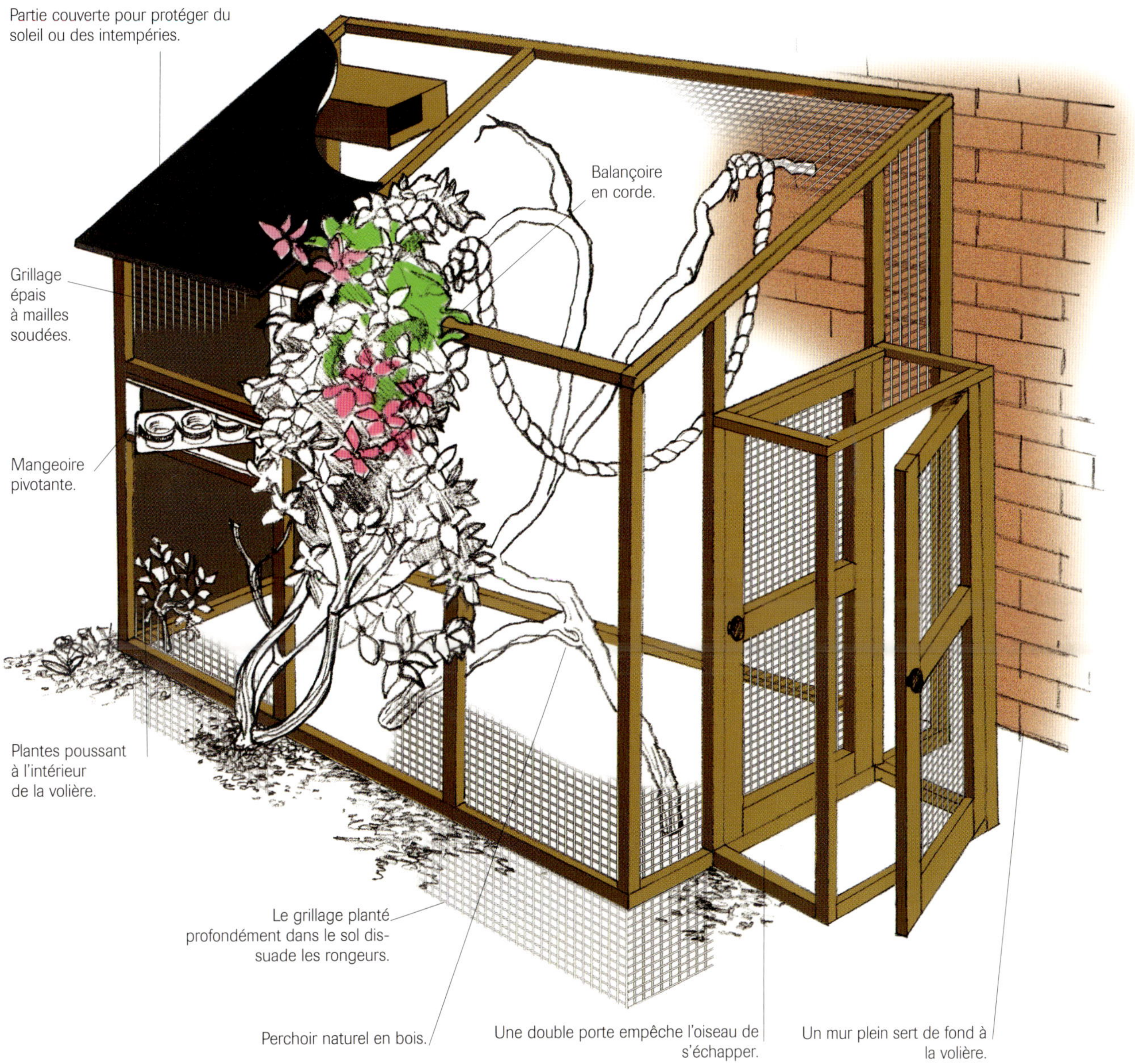

L'alimentation

Dans la nature, le perroquet a besoin d'une alimentation riche pour parcourir des centaines de kilomètres chaque semaine, mais il brûlera ainsi l'excédent de calories. Un amazone de compagnie, en revanche, ne fera jamais autant d'exercice dans votre salon ; son régime doit donc être adapté à ses véritables besoins.

❑ Quel régime pour votre amazone ?

Les mélanges de graines variées et de graines de tournesol, qui constituent l'essentiel de la nourriture pour perroquets, ne sont pas adaptés au menu quotidien des amazones. Ces graines contiennent près de 50 % de gras et manquent des vitamines et minéraux essentiels à leur équilibre. Les amazones soumis à ce régime présentent des problèmes de santé chroniques, directement liés à une carence en vitamines et minéraux. Ce type de problème, dû à une mauvaise alimentation chez les sujets en captivité, vient du fait que les perroquets sont génétiquement programmés pour des aliments à haute teneur énergétique, qui sont aussi des aliments riches en gras.

Certains amazones préfèrent les grains de raisin et consomment les pépins avant la pulpe.

◀ On pourra lui donner à volonté la plupart des fruits, légumes et légumes secs, pauvres en graisses. On restreindra seulement sa consommation de fruits à coque et de certaines graines.

Valeur nutritionnelle des aliments les plus courants

	Graisses	Protéines	Hydrates de carbones
Pomme	0,1 %	0,3 %	11,5 %
Fromage à pâte cuite	34 %	25 %	0,1 %
Pois chiches*	5,4 %	22 %	50 %
Maïs	1 %	0,6 %	84 %
Mélange de fruits à coque	64 %	16 %	0,9 %
Cacahuètes	46 %	25 %	12 %
Granulés *	14 %	12 %	60 %
Pignons de pain	69 %	8 %	11 %
Mélange légumes secs/haricots	1,4 %	21 %	45 %
Riz	1,2 %	7,3 %	77 %
Graines de tournesol	48 %	12 %	18,6 %
Blé *	2,5 %	12 %	62 %

* Indique les meilleurs aliments pauvres en graisses
Remarque : les pourcentages « perdus » sont essentiellement la part en eau.

◀ Quand on leur laisse le choix, les perroquets vont d’abord vers les aliments riches en gras comme les fruits à coque et les graines. Ils se tournent ensuite vers la nourriture à haute teneur en sucres et en hydrates de carbone, comme les fruits et les légumes secs.

❑ La composition des aliments

Outre les vitamines, les minéraux et l'eau, les aliments sont avant tout composés d'hydrates de carbone, de graisses et de protéines. Les fruits frais et les graines de céréales comme le blé, le riz et l'avoine sont riches en hydrates de carbone et ont une bonne teneur en protéines. Ces aliments à haute teneur énergétique aident l'amazone à maintenir sa température corporelle et à alimenter ses muscles. Les fruits à coque et nombre de graines ont une teneur en gras allant de 30 à 80 %. Les légumes secs (pois et haricots) sont riches en protéines, essentielles au renouvellement des tissus, y compris des plumes. Le régime des amazones comportera donc 75 à 80 % d'hydrates de carbone, environ 15 % de protéines végétales et seulement 5 à 8 % de graisses.

D'un point de vue nutritionnel, peu importe sous quelle forme vous répondez à ces besoins. Vous trouverez dans le commerce des granulés spécialement adaptés aux perroquets, ainsi que des mélanges à base d'ingrédients frais « naturels ». La plupart des aliments sous forme de granulés sont équilibrés, toutefois les perroquets apprécient, comme nous, la variété en matière de goût et de texture. Les granulés ayant tous le même goût et la même texture, ils manquent singulièrement d'attrait pour nos protégés. Quoi qu'il en soit, les amazones déploient différentes techniques devant les aliments naturels et semblent apprécier toute une gamme d'aliments bons pour leur santé. Une alimentation à base de fruits frais, de graines et de céréales ajoutera de l'intérêt au repas de votre compagnon ailé.

Attention, certains de nos petits penchants gourmands sont toxiques pour le perroquet : bannissez le chocolat, le café, le thé, l'alcool et l'avocat, généralement fatals pour lui. Enfin, les aliments trop salés sont mauvais pour ses reins : ne donnez jamais de chips et de biscuits salés à un perroquet.

◄ Deux mélanges des mêmes graines et légumes secs : à gauche, mélange avant trempage ; à droite, mélange germé prêt à déguster.

▼ Offrez à votre oiseau des aliments naturels variés, vous enrichirez son environnement en stimulant son intérêt : une attention essentielle pour lui.

❑ Graines et légumes secs : des aliments nutritifs

Une alimentation à base de graines sèches ne répondant pas aux besoins nutritionnels d'un perroquet, et les granulés étant quant à eux peu stimulants, nous vous recommandons un mélange de légumes secs, de fruits et de légumes frais, complété de quelques graines. Pour qu'ils soient comestibles, il est nécessaire de faire tremper et si possible de laisser germer les légumes secs (pois et haricots). Les graines ont également une teneur éner-

gétique plus élevée une fois trempées et germées. Pour les perroquets amazones, nous vous conseillons les proportions suivantes :

- 35 % de haricots ou d'un mélange de légumes secs et haricots trempés et germés (les pois chiches sont souvent leurs préférés, mais ils aiment aussi les doliques à œil noir, les haricots mungo, les haricots rouges du Japon, etc.).
- 25 % de graines et de céréales trempées et germées (tournesol, carthame, chanvre, millet, blé, avoine, riz, maïs, etc.).
- 40 % de fruits et légumes frais (pomme, banane, raisin, grenade, carotte, céleri, chou de Bruxelles, haricots verts, pois en cosse, patate douce, maïs sur l'épi, brocolis, etc.).

❑ La préparation des aliments

Il est souvent plus simple de doser le mélange sec à l'avance, à savoir 35 % de légumes secs et 25 % de graines, et de le conserver dans un endroit approprié. Le moment venu, la préparation est la suivante : laissez tremper la ration quotidienne journalière pendant douze heures dans une eau chaude mais non bouillante, sous peine de dégrader le mélange et d'empêcher la germination. Cette ration varie selon la taille de l'oiseau. On compte en général de 20 à 35 g de mélange sec par oiseau (le mélange double de poids après le trempage). À ce stade, il arrive que les haricots dégagent une odeur nauséabonde, c'est normal. Cette préparation est consommable au bout de douze heures, mais il est préférable de laisser germer encore pendant douze à vingt-quatre heures. Conservez le mélange humide à température ambiante (surtout pas dans l'eau) et rincez-le abondamment à l'eau froide pour prévenir la prolifération de bactéries. L'apparition de petites pousses blanches indique la germination : le mélange est alors bon pour la consommation. S'il n'est pas consommé dans la journée, jetez-le. Attention : ne faites jamais cuire un mélange haricots/graines, et ne le conservez pas non plus au réfrigérateur. Servez-le tout simplement cru.

En complément de cette préparation, l'oiseau devra consommer des fruits et des légumes frais tous les jours. Chacun a ses préférences : essayez le raisin, les pommes, les bananes, les grenades, le céleri, les pois frais, les carottes, etc. Si vous variez ses repas en respectant les conseils ci-dessus, les compléments alimentaires seront inutiles. Toutefois, les amazones élevés à l'intérieur risquent de manquer de vitamine D3, générée par le corps exposé aux rayons du soleil, celle qui permet l'assimilation du calcium. Vous pourrez remédier à cette carence en lui administrant un complément alimentaire contenant de la vitamine D3 et du calcium liquide, en vente dans les animaleries et les magasins spécialisés.

L'éducation

Les raisons pour lesquelles vous devez entraîner votre amazone à obéir à certains ordres sont les mêmes que pour tout autre animal de compagnie. À vous d'instaurer une bonne communication avec celui qui est amené à partager votre maison.

❑ Comprendre les comportements

Un perroquet amazone éduqué à répondre à quelques ordres simples sera de bien meilleure compagnie qu'un oiseau non dressé, perturbé, qui se montrera nerveux ou agressif en société. Avant d'entamer cet apprentissage, vous devez connaître les raisons qui sous-tendent le comportement animal en général. Le comportement des animaux, ainsi que des hommes, répond toujours à une motivation précise. L'animal agit de telle ou telle façon parce qu'il sait qu'il va en tirer profit. Les oiseaux boivent quand ils ont soif, ils mangent quand ils ont faim, ils remettent de l'ordre dans leurs plumes en les lissant pour se sentir à l'aise. Quand une chose les effraie, ils tentent de s'enfuir ; quand ils aiment quelque chose, ils essaient de s'approcher. Le comportement de votre amazone sera toujours motivé par le résultat escompté.

Quand on a compris cela, il est plus facile de travailler avec le perroquet amazone et de lui enseigner de nouveaux comportements. La clé de la réussite est que vous, son maître adoptif, lui donniez systématiquement une récompense en retour des réactions que vous attendez. Cette récompense est propre à votre oiseau. Ce peut être n'importe quoi, à condition d'être certain que votre protégé l'apprécie déjà vraiment : vous pouvez lui donner une petite friandise ou un jouet qu'il aime bien, lui gratter la tête ou le poser sur l'un de ses perchoirs préférés. Cette technique de la « carotte » est essentielle pour bien comprendre son comportement.

L'étude du comportement porte le nom anglais de Applied Behaviour Analysis (ABA) ; le recours aux méthodes s'appuyant sur l'ABA garantit une attitude coopérative et amicale de votre amazone au cours de son éducation. L'ABA se fonde sur les comportements observables, à savoir sur ce que fait votre compagnon ailé et à quelle fréquence. Et s'il est probable que les perroquets ont leurs propres pensées et sentiments, l'ABA n'approfondit pas cette question, dans la mesure où ces pensées et sentiments ne peuvent se mesurer en termes de fréquence ou d'intensité.

◀ Cet amazone aourou adore que son maître lui gratte la tête : une charmante récompense en perspective.

▲ Et pourquoi pas une petite friandise ? Assurez-vous cependant que votre amazone apprécie vraiment cette récompense.

▲ Les perroquets ont une vie complexe : nous ne pouvons pas lire dans leurs pensées mais nous sommes capables de décoder leur langage corporel.

▼ Certains amazones ont leurs jouets favoris qui font aussi de belles « carottes ».

❑ L'apprentissage d'un oiseau nerveux

Bien que les amazones soient des oiseaux assez hardis, d'une nature plus assurée que les autres espèces de perroquets, certains se montrent plutôt nerveux et demandent une attention particulière avant et pendant l'apprentissage. Cette nervosité vient souvent du fait que l'oiseau a été traité durement par le passé, ce dont il se souviendra longtemps, car les perroquets ont une très bonne mémoire. C'est aussi le cas chez les oiseaux importés qui ont été capturés dans la nature. Le rognage des ailes peut également expliquer son peu de confiance en lui, un manque d'assurance qui ne peut qu'empirer si l'oiseau est « coincé » dans sa cage et ne peut fuir à l'approche de ce qui l'effraie.

Avant de demander à un sujet nerveux de se poser sur votre main, il va falloir passer par un apprentissage en douceur. Comme pour les autres, on s'appuie sur le principe de la carotte, mais les progrès peuvent prendre plusieurs semaines.

Pensez d'abord à équiper la cage d'un perchoir suffisamment haut pour que votre pensionnaire soit au-dessus de votre regard quand vous êtes debout devant lui. Il aura ainsi moins peur de tous ceux qui l'approcheraient de trop près.

❑ Travaillez au rythme de votre compagnon

Commencez par l'apprivoiser en vous asseyant au-dessous du niveau de l'oiseau perché dans sa cage, à une distance raisonnable pour ne pas susciter sa nervosité. Placez-vous de côté et évitez de le regarder droit dans les yeux. Faites en sorte qu'il vous voie à vos occupations, en train de lire, de manger, etc. Commencez par des séances assez courtes, de deux à trois minutes maximum. Prolongez-les au fur et à mesure que l'amazone s'habitue à vous, et rapprochez-vous de plus en plus, en veillant bien à ne pas susciter sa nervosité. Au bout de quelques séances, il sera plus confiant et s'intéressera peut-être à ce que vous mangez. À ce stade, offrez-lui un petit morceau de sa friandise préférée ou de votre repas à travers les barreaux.

Comptez encore quelques séances, puis ouvrez la porte de la cage et tendez directement la nourriture à l'amazone, toujours à l'intérieur. Placez cette petite gâterie sous son bec, à condition qu'il semble décidé à l'accepter. Plus tard, laissez la porte ouverte et attendez qu'il soit sorti de la cage ou se soit dirigé vers la porte ouverte pour la lui tendre. Pour qu'il revienne dans la cage, placez dans sa mangeoire une petite friandise qui l'incitera à revenir. Procédez toujours au rythme de votre protégé et encouragez-le en lui parlant doucement au fur et à mesure de ses progrès.

▶ Une approche calme, une éducation basée sur la récompense et beaucoup de patience sont les meilleurs moyens de gagner la confiance de votre ami ailé.

▶ Votre amazone risque de s'intéresser à ce que vous mangez à côté de lui. Offrez-lui un petit morceau de votre nourriture à travers les barreaux.

▶ À la fin – parfois après plusieurs semaines –, vous devriez pouvoir demander à votre protégé de se poser sur votre main. Mais remettez-le dans la cage quelques secondes après.

◀ Faites en sorte que l'amazone puisse se percher au-dessus de vous, et asseyez-vous de côté. Évitez le contact visuel lors des premières séances.

◀ Quand il aura pris confiance, offrez-lui une petite friandise par la porte ouverte de la cage. Au début, limitez ces séances de mise en confiance à quelques minutes.

❑ Ce que les perroquets de compagnie doivent savoir

Pour que votre amazone puisse passer le plus de temps possible hors de sa cage en votre compagnie, il doit apprendre à obéir à quelques « ordres » simples venant de vous ou des membres de la maisonnée qui souhaitent entretenir des liens avec lui. Une fois votre amazone éduqué aux deux commandements de base, vous lui apprendrez à venir vers vous, à s'éloigner, ou encore à quitter un endroit donné sur simple demande verbale. Vous pourrez ainsi maîtriser ses allées et venues hors de la cage et il sera plus facile à surveiller. La plupart du temps, en s'appuyant sur le principe de la « carotte », cinq à dix jours suffisent. Nous vous suggérons d'apprendre à votre élève les ordres ci-dessous en suivant la même progression.

Pose-toi, signifie pose-toi sur ma main, s'il te plaît. C'est la première demande et certainement la plus importante.

Descends, signifie descends et cherche-toi un autre perchoir, s'il te plaît.

Stop, signifie ne viens pas vers moi pour le moment, s'il te plaît.

Partant du principe que votre amazone sait voler, apprenez-lui également à répondre aux ordres suivants :

Va, signifie éloigne-toi de moi s'il te plaît et choisis une autre place (le perchoir ou la cage par exemple).

Ici, signifie viens vers moi, maintenant, s'il te plaît.

Là-bas, signifie quitte ton perchoir/ou le lieu où tu es et vole vers un autre endroit, mais pas vers moi, s'il te plaît.

❑ Où dresser votre amazone ?

En principe, on peut dresser l'amazone dans la pièce où est installée sa cage. Toutefois, s'il se montre agressif près de celle-ci, éloignez-la ou changez de pièce pour les deux premières leçons. Prévoyez une solution pour déplacer l'amazone (non dressé) d'une pièce à l'autre. La plupart des cages sont montées sur roulettes. Incitez l'oiseau à sortir de son logis avec une petite friandise et mettez la cage hors de sa vue avant le début de la leçon. Les sujets nerveux devront en revanche toujours être éduqués dans la même pièce que leur cage. Dans tous les cas, nous vous conseillons de disposer les objets de sorte que l'amazone puisse recevoir l'ordre de se poser ou de descendre à des endroits placés à mi-hauteur du corps (entre la taille et le buste), l'idéal étant le dos d'un fauteuil. La première fois que l'amazone évoluera en liberté dans la pièce, supprimez tous les objets sur lesquels il serait tenté de se poser.

◄▲ La queue déployée et des yeux étincelants indiquent que l'amazone est surexcité. Faites une pause le temps qu'il se calme.

▼ Les oiseaux nerveux devront toujours être éduqués dans un endroit familier, l'idéal étant la pièce où leur cage est normalement installée.

❑ Quelle récompense lui donner ?

Dans la mesure où le dressage repose sur la technique de la « carotte », vous devez d'abord apprendre à récompenser la docilité de votre amazone. Veillez à ce qu'il apprécie la récompense choisie, car ce sera sa principale motivation pour travailler avec vous. Il peut s'agir d'une friandise, d'un jouet, ou tout simplement de lui gratter la tête. Le jour de la leçon, il doit gagner sa récompense. Ne lui donnez surtout pas à un autre moment ou par inadvertance, sinon il n'aura aucune raison de coopérer. Pour connaître sa friandise favorite, présentez-lui plusieurs petits morceaux de même taille d'aliments qu'il apprécie déjà, et voyez sur lequel il porte son choix. Proposez-lui par exemple une cacahuète, la moitié d'une noix, la moitié d'un grain de raisin et une graine de tournesol. Attention : les leçons doivent être assez courtes et ne durer en moyenne que deux à quatre minutes.

❑ Première et deuxième leçons : « Pose-toi » et « Descends »

Perchez tout d'abord votre amazone sur le dos d'un fauteuil. Il doit être calme et attentif. Si la récompense est une friandise ou un jouet, montrez-la lui dans votre main. Appelez l'oiseau par son nom et essayez d'établir un contact visuel, puis approchez-vous et placez l'autre main juste au-dessus de sa patte en lui disant « Pose-toi ». Les doigts de la main où il va se poser doivent être alignés, le pouce dirigé vers le bas pour ne pas lui faire obstacle. Vous pouvez aussi toucher l'amazone de cette main juste au-dessus de la patte quand vous dites « Pose-toi ». Réitérez votre demande si nécessaire en vérifiant que la récompense est bien en vue. Quand il se sera effectivement posé sur votre main, félicitez-le chaleureusement. Une ou deux secondes plus tard, dites-lui « Descends », reposez-le sur le dos du fauteuil et donnez-lui sa récompense, en redoublant de louanges. Laissez-lui ensuite tout le loisir d'apprécier son petit cadeau – il ne servirait à rien d'aller trop vite à ce stade. Répétez ces étapes une ou deux fois : la leçon est terminée.

Mieux vaut se limiter à une seule leçon le premier jour et faire en sorte de terminer sur une bonne note, même si l'amazone ne s'est posé qu'une seule fois. Programmez deux ou trois séances les jours suivants, mais ne faites travailler votre élève que s'il est de bonne humeur, calme et réceptif. Quoi qu'il fasse pendant la leçon, gardez votre sang-froid et restez sûr de vous. Une atmosphère calme l'aidera considérablement à assimiler les ordres. Au fil des séances, vous le verrez se poser et descendre plus rapidement.

◀ Quelques essais gustatifs suffiront pour connaître ses petites faiblesses.

« POSE-TOI »

▲ **Étape 1 :** Présentez la main où il doit se poser devant l'amazone, et laissez la récompense bien en vue de l'autre main quand vous ordonnez « Pose-toi ».

▲ **Étape 2 :** Gardez la main où il doit se poser totalement immobile à son approche. S'il vous voit trembler ou hésiter, il sera perturbé.

▲ **Étape 3 :** Que vous lui donniez sa récompense immédiatement ou après l'avoir reposé, laissez-lui le temps de l'apprécier.

« DESCENDS »

▲ **Étape 1 :** Quand vous lui ordonnez « Descends », votre main doit être un peu au-dessous du perchoir où il va se poser.

▲ **Étape 2 :** Dites-lui « Descends » et encouragez-le à sauter sur le perchoir prévu en l'accompagnant légèrement du geste.

▲ **Étape 3 :** Récompensez et félicitez votre élève pour ses efforts : ainsi il apprendra bien plus vite la prochaine leçon.

❑ Troisième leçon : « Stop »

« Stop » ne signifie pas que l'amazone doive s'immobiliser à l'endroit exact où il se trouve, car il n'est pas conseillé de demander à un oiseau de rester longtemps au même endroit. Cet ordre sert à le dissuader de venir vers vous, quand vous voulez quitter la pièce sans l'avoir sur les talons par exemple. S'il s'approche et que vous ne souhaitez pas qu'il se pose sur vous ou vienne à votre rencontre, inclinez la paume de votre main devant lui et dites « Stop ». S'il s'arrête, félicitez-le et donnez-lui sa récompense. S'il s'obstine – qu'il marche ou qu'il vole –, renouvelez votre geste pour bloquer son approche. Un amazone en vol apprendra vite à faire demi-tour pour aller se poser ailleurs. Quand il obtempère, adressez-lui les félicitations et les récompenses d'usage. L'ordre « Stop » est particulièrement utile en présence de visiteurs qui ont peur d'établir le contact avec votre protégé. S'ils ne sont pas en confiance, apprenez-leur à lui dire « Stop » pour l'arrêter quand il vient vers eux.

▼ Ce geste indique à l'amazone qu'il doit s'abstenir de vous approcher pour le moment. Placez votre paume ouverte devant lui et dites « Stop ».

❑ Quatrième leçon : « Va »

« Va » indique à votre élève qu'il doit s'éloigner de vous en s'envolant. Prévoyez l'une de ses récompenses préférées et présentez-la bien en vue sur le perchoir que vous lui destinez : le toit de sa cage par exemple ou un perchoir. Posez l'amazone sur votre main, en vous tenant debout à environ 1 m du perchoir prévu. Repliez votre main vers vous de sorte que l'amazone vous tourne le dos et soit orienté dans la direction du perchoir et de la récompense. Placez votre autre main légèrement plus bas et tendez l'index vers l'endroit en question. Assurez-vous que votre élève a bien vu la récompense et qu'il est tenté. Vous pouvez éventuellement demander à quelqu'un de la lui montrer pour l'inciter à voler. Ensuite, dites « Va » et ouvrez la main en accompagnant l'amazone d'un geste doux ou marqué dans la direction souhaitée. L'amazone doit alors s'envoler et se poser sur le perchoir ou sur la cage. Félicitez-le dès qu'il se pose, au moment où il prend sa récompense. Reculez le perchoir au fur et à mesure qu'il se familiarise avec la distance. Donnez-lui ensuite cet ordre dans d'autres endroits, jusqu'à ce qu'il obéisse où que vous soyez. Si après le « Va » l'amazone s'envole mais tente de revenir se poser sur votre main, dites « Stop » pour l'en empêcher.

« VA »

▲ **Étape 1 :** Utilisez votre main libre pour indiquer le perchoir, ouvrez l'autre main et dites « Va ».

▲ **Étape 2 :** Vous pouvez prolonger le mouvement de votre main vers le perchoir, l'amazone s'envolera dans sa direction.

▲ **Étape 3 :** Quand il se pose, félicitez-le et laissez-lui le temps d'apprécier sa récompense.

❑ Cinquième leçon : « Ici »

« Ici » est un appel indiquant à votre élève qu'il doit s'avancer jusqu'à vous. Bien entendu, c'est plus facile quand l'oiseau vient déjà spontanément à votre rencontre, mais vous pouvez aussi lui apprendre à répondre à cet appel une fois qu'il aura assimilé les leçons précédentes. Si votre amazone vient déjà vers vous en volant, associez son déplacement et l'ordre en question en disant « Ici » quand il s'envole, puis en le récompensant et le félicitant quand il se pose sur vous. Dans le second cas, s'il ne vous approche pas spontanément, prévoyez une récompense adaptée pour l'y inciter. Veillez à avoir tout ce qu'il faut à portée de main. Placez l'amazone sur un perchoir familier et tenez-vous debout à environ 1 m de l'oiseau, le bras tendu. Tenez votre récompense bien en vue dans l'autre main. Le bras tendu doit être légèrement plus haut que le perchoir : les oiseaux préfèrent s'élancer vers le haut plutôt que de plonger vers vous. Appelez ensuite l'amazone par son nom et répétez « Ici » à plusieurs reprises. Restez parfaitement immobile jusqu'à ce qu'il se pose et laissez-lui tout le loisir de profiter de sa récompense. S'il ne s'envole toujours pas au bout de plusieurs tentatives, ne lui donnez pas l'occasion de se lasser et recommencez plus tard. Cette leçon sera peut-être plus facile si vous restez près de la porte. Une fois que l'oiseau obtempère sur de courtes distances, augmentez-les au fur et à mesure.

« ICI »

▲ **Étape 1 :** Pendant les premières séances, tenez-vous à quelques pas seulement, jusqu'à ce que votre élève prenne confiance quand il vole vers vous.

▲ **Étape 2 :** Appelez l'amazone par son nom, mettez la récompense bien en vue et dites « Ici ».

▲ **Étape 3 :** Restez parfaitement immobile au moment où il se pose. C'est très important au début.

▲ **Étape 4 :** Donnez-lui immédiatement sa récompense tout en le félicitant pour ses efforts.

❑ Sixième leçon : « Là-bas »

En général, on utilise l'ordre « Là-bas » pour la sécurité de l'oiseau et pour l'éloigner d'endroits interdits. Si votre amazone se pose sur un objet dangereux, comme un appareil électrique ou une tringle à rideau, intimez-lui cet ordre pour qu'il s'en aille.

Dans la pratique, vous ne pouvez à l'évidence pas lui donner cet ordre à un moment prévu. Cependant, dès qu'il se pose où il ne faut pas, approchez-vous et dites « Là-bas » en agitant les mains vers lui d'un geste qui ne lui est pas familier. De grands moulinets sont généralement très efficaces. Vous pouvez aussi brandir sous son nez un objet inoffensif, un mouchoir par exemple. Quand il quitte l'endroit interdit, incitez-le à ne pas se poser sur vous (au besoin en disant « Stop ») mais sur son perchoir ou sa cage, et félicitez-le pour sa coopération.

▲ Utilisez un signe de la main sans ambiguïté et dites « Là-bas ».

▲ L'oiseau perché sur votre main dans la position habituelle, appelez-le par son nom et établissez le contact visuel pour lui indiquer ce qui va se passer.

▲ Rapprochez doucement l'oiseau vers votre poitrine, tout en posant votre main libre sur son dos.

❑ Quelques conseils utiles

En principe, vous ne devriez pas être obligé de maintenir votre amazone contre sa volonté, mais si vous devez lui administrer un médicament, l'emmener chez le vétérinaire ou le soustraire à une situation dangereuse, par exemple, mieux vaut le familiariser avec une telle situation.

Douceur et calme : les secrets de la contention

Il y a deux façons de pratiquer la contention sans risque pour votre amazone. La première consiste à lui demander de se placer sur votre poitrine, en lui intimant l'ordre « Descends ». Procédez ainsi : posez l'amazone sur votre main comme d'habitude mais, cette fois, face à vous. Placez l'autre main sur le dos de l'oiseau en ordonnant « Descends », et attirez-le contre vous tout en abaissant la main sur laquelle il est posé. Il va s'agripper à votre vêtement et vous pourrez alors le maintenir. Félicitez-le et récompensez-le en lui grattant gentiment la tête de votre main libre. Vous pouvez maintenant l'emmener et le poser où vous voulez en lui disant « Descends ». Entraînez-le régulièrement à cet ordre et reposez-le sur des perchoirs qu'il aime bien avant de recourir à cette méthode, afin qu'il rentre au bercail. Ainsi, il ne l'associera pas directement au fait de retourner dans sa cage, et vous pourrez vous servir de ce commandement plus facilement quand il devra y trouver refuge sans attendre.

Tout le moelleux d'une serviette

La seconde méthode de contention consiste à mettre l'amazone en sécurité dans une serviette. Il ne s'agit pas de l'envelopper de force pour le dresser ou l'apprivoiser, ce qui ne serait pas du tout une bonne idée. Il faut néanmoins qu'il s'habitue à être retenu doucement, pour faciliter l'examen du vétérinaire par exemple. Quand il aura assimilé les leçons précédentes, vous pourrez le familiariser avec la serviette. Préférez un tissu clair ou de couleur neutre, blanc ou crème : les oiseaux se méfient des couleurs sombres

▲ Quand l'oiseau touche votre corps, abaissez la main-perchoir pour qu'il puisse s'agripper à vos vêtements.

► Quand il s'agrippe à votre chemise, félicitez-le et grattez-lui gentiment la tête.

ou voyantes. Commencez par le poser sur vos genoux et laissez-le jouer avec un coin du tissu ou le mâchouiller. Après plusieurs séances, laissez de plus en plus de serviette en contact avec son corps. Il finira par s'accoutumer à être doucement retenu dedans pendant quelques minutes. Récompensez-le et encouragez-le à chaque fois en le félicitant, en lui grattant la tête ou en lui offrant l'une de ses friandises préférées.

▲ Laissez-le mâchouiller un coin de serviette pour qu'il s'y habitue.

▲ Avec le temps, l'oiseau vous laissera augmenter la surface du tissu en contact avec lui.

▲ Récompensez l'oiseau quand vous aurez enfin réussi à l'envelopper tout entier, mais ne le maintenez que quelques secondes.

Questions fréquentes

Ce chapitre aborde les questions les plus fréquentes que se posent les propriétaires de perroquets.

❑ Dois-je adopter un autre oiseau ?

Pourquoi cette question revient-elle souvent? Pour deux raisons: soit le premier perroquet amazone s'est attaché à un membre de la famille et les autres veulent avoir le leur; soit la personne qui s'occupe du perroquet n'a plus assez de temps à lui consacrer et souhaite lui offrir de la compagnie. L'adoption d'un second oiseau n'est pas une décision à prendre à la légère. Réfléchissez d'abord à ces questions: voulez-vous un sujet de la même espèce ou d'une autre famille? Que choisir? Un juvénile ou un adulte? Ce nouveau venu va-t-il s'apparier avec le premier? Si oui, comment savoir s'il s'intéressera encore à vous et aux autres, ou s'il ne rejettera pas la compagnie des humains? S'il s'apparie, n'y a-t-il pas un risque d'agressivité envers vous et les membres de la maisonnée? Il est difficile de connaître d'avance les réponses à ces questions, mais certaines sont plus évidentes que d'autres. Deux oiseaux adultes de même espèce et de sexe opposé ont de fortes chances de faire la paire, ce qui signifie qu'ils préféreront leur compagnie mutuelle à la vôtre. Les deux, ou un seul, peuvent se révéler agressifs s'ils ont l'impression que leurs maîtres s'immiscent dans leur relation. Toutefois, si le second oiseau n'appartient pas à une espèce proche, cette agressivité est peu probable. Les oiseaux peuvent sympathiser sans pour autant s'apparier, ce qui sera pour vous la situation idéale. Encore une fois, rien n'est écrit. Si vous décidez d'adopter un autre oiseau et si vous voulez être sûr que les deux feront d'agréables compagnons, choisissez de préférence une espèce qui n'est pas trop proche de la première. Essayez d'autres espèces d'Amérique du Sud: un autre amazone ou un conure par exemple. Pour limiter une relation exclusive entre deux oiseaux, offrez à chacun une cage spacieuse et installez-les dans la même pièce.

▼ L'amazone à front bleu, à droite, semble vivement intéressé par cet amazone aourou, mais en réalité il est très méfiant.

▼ Il faut introduire le nouvel oiseau avec soin. Les premières réactions sont parfois trompeuses! Répétez plusieurs fois la séance de présentation.

▲ Si le second oiseau est de même espèce et de sexe opposé, il y a toutes les chances pour que les deux s'apparient, et que l'un vous rejette, ou les deux.

► Les autres espèces d'Amérique du Sud, comme ce conure, présentent plus de points communs avec les amazones dans leur comportement.

❑ Quand mon amazone va-t-il parler ?

Les perroquets amazones apprennent assez facilement à parler, en général vers l'âge de 2 ans, certaines espèces étant plus volubiles que d'autres. L'amazone à front bleu, l'amazone à tête jaune et l'amazone à nuque jaune sont réputés pour leurs talents d'orateurs. Cette aptitude n'est cependant en rien garantie, et certains amazones ne parleront jamais. Contrairement aux perroquets gris du Gabon, les amazones étant plus extravertis, ils parlent souvent plus librement, y compris en présence d'étrangers. Les oiseaux solitaires ont plus de chances d'imiter notre langage, dans la mesure où ils n'ont pas de congénères avec qui partager leurs cris naturels. La qualité de leur « conversation » dépend de la méthode utilisée pour leur apprendre à parler. Les perroquets amazones étant des oiseaux très intelligents, et de ce fait de bons imitateurs, on peut aussi leur apprendre à employer certains mots en contexte, comme on le fait avec les bébés. Sachant cela, quand vous donnez un jouet ou une friandise à votre protégé, il sera bien plus gratifiant et utile de prononcer clairement le nom de la chose en la lui donnant. Il apprendra peut-être à associer la chose et le nom et à la demander ensuite en la nommant. Cet usage de la parole vaut bien plus qu'une simple imitation.

Le perroquet amazone à front bleu est réputé beau parleur.

► En associant un objet, comme cette balle, à son nom, vous pourrez apprendre à certains amazones à utiliser quantité de mots dans le contexte approprié.

L'oiseau sera plus enclin à parler si vous lui présentez quelque chose dont il a envie.

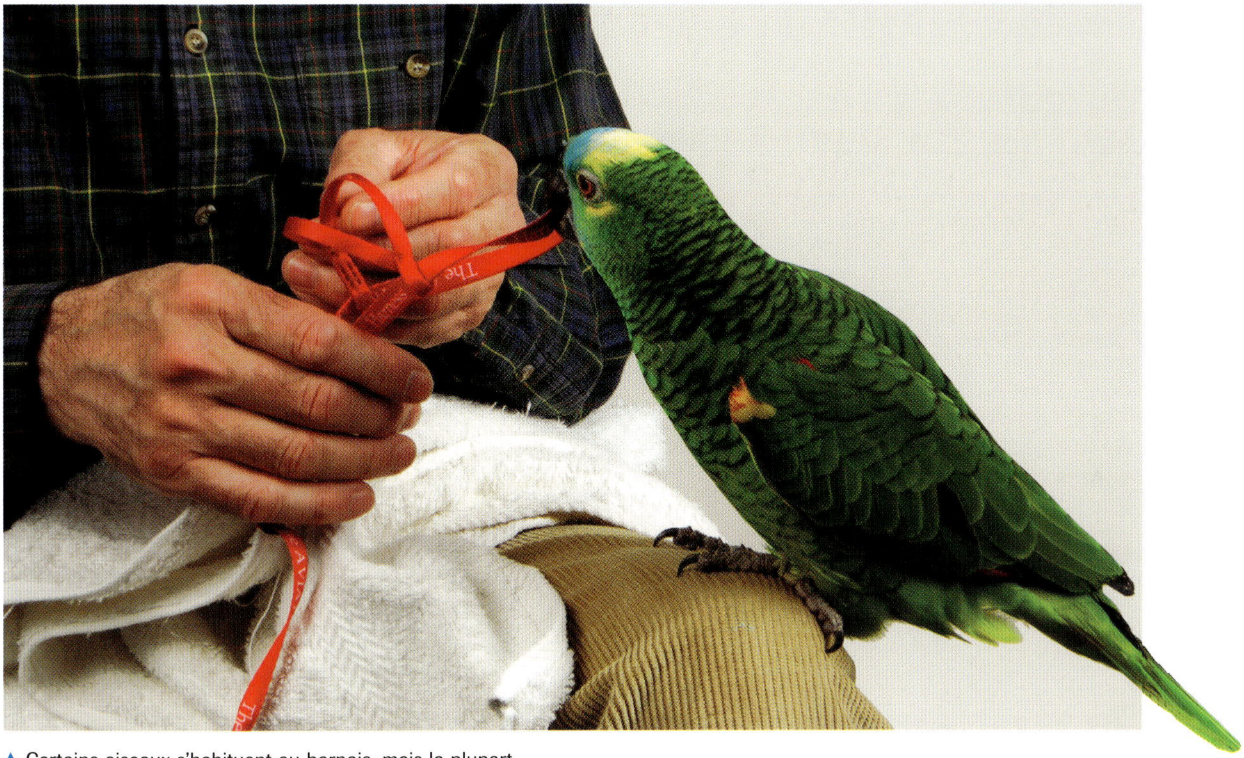

▲ Certains oiseaux s'habituent au harnais, mais la plupart rejettent le contact des sangles.

❑ Puis-je utiliser un harnais pour sortir mon amazone en toute sécurité ?

Bannissez tout ce qui peut entraver la patte et entraîner une luxation si le perroquet tente de s'envoler. Bien que les amazones n'aiment pas sentir quelque chose au contact de leurs plumes, certains accepteront un harnais, que l'on utilisera avec beaucoup de précaution pour sortir l'oiseau hors de la maison. On trouve un large choix de harnais sur le marché ; il est généralement composé d'une laisse et d'une sangle que l'on ajuste autour du corps. Les modèles haut de gamme ne présentent aucune partie métallique et ils ont une laisse élastique pour que l'oiseau ne soit pas secoué brutalement si toutefois il tentait de s'envoler. L'apprentissage du harnais doit se faire avec douceur et au rythme de votre oiseau. Les premières fois, il ne doit le porter que quelques secondes, de préférence dans un lieu qui lui est familier. S'il paraît à l'aise, laissez-lui un peu plus longtemps à chaque séance. Si, à quelque moment que ce soit, l'oiseau semble gêné par son harnais, n'insistez pas et envisagez la construction d'une volière.

▼ Ce harnais est doté d'une laisse élastique et ne présente aucune partie en métal.

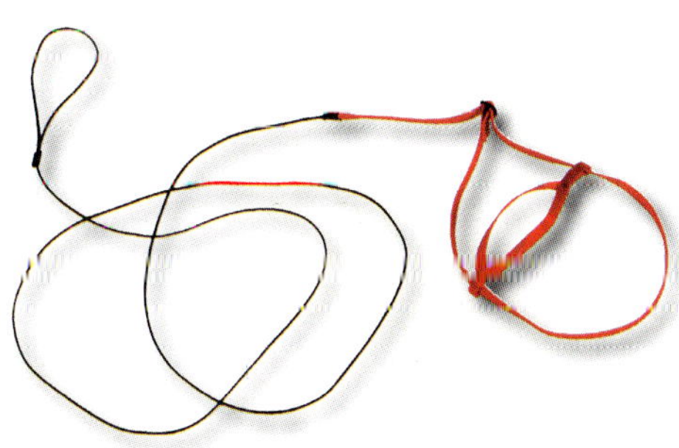

❑ Dois-je tailler les ailes de mon amazone ?

Il y a plusieurs manières de tailler les ailes, certaines méthodes étant plus radicales que d'autres. La taille consiste à raccourcir plusieurs (rognage) ou la totalité (coupe) des rémiges primaires. Au nombre de dix, ces plumes indispensables au vol sont situées à l'extrémité externe de l'aile. On pratique parfois la taille d'une seule aile, ce qui entraîne un déséquilibre délibéré quand l'oiseau essaie de s'envoler. Cette pratique est la plus dangereuse. Le rognage consiste plus généralement à tailler légèrement les deux ailes à la même longueur, en laissant plusieurs rémiges intactes. Cette méthode est moins cruelle et permet à l'oiseau de voler et de se poser sans danger en intérieur.

Bien que les plumes rognées finissent par repousser au fil de la mue, ce procédé n'est pas sans risques pour l'oiseau : les plumes de sang, ou plumes naissantes, poussent sans la protection de leurs voisines, ce qui peut entraîner leur cassure et des saignements abondants.

Les partisans de la taille affirment qu'elle permet de contrôler les déplacements de l'oiseau et que sa sécurité est de fait mieux assurée. Néanmoins, qu'on leur taille les ailes ou non, tous les oiseaux sont soumis à certains risques : les sujets aux ailes taillées sont tout aussi vulnérables, mais dans d'autres circonstances. Quand ils s'échappent, par exemple, ils ont plus de risques de se faire attraper par un chien ou un chat ou de se faire écraser. La coupe empêchant l'ascension de l'oiseau, il risque aussi de devenir « phobique » et craintif à l'excès, et le plus souvent il perd considérablement confiance en lui. Les perroquets se déplacent uniquement en volant : leur couper les ailes est anormal et très pénalisant pour eux. Leur seul moyen de fuir ce qui les effraie est de s'envoler pour se réfugier de préférence sur le perchoir le plus élevé. La coupe des ailes les prive de ce mécanisme de fuite fondamental.

La plupart des maîtres préfèrent ne pas tailler les ailes de leur protégé. Le chapitre « Éducation » de cet ouvrage vous explique comment apprendre quelques ordres simples à votre ami ailé pour contrôler ses allées et venues. Bien sûr, rien ne vous empêche de le laisser voler tout naturellement autour de vous. Les opportunités que vous lui offrirez d'exprimer quotidiennement ses réflexes naturels et fondamentaux, y compris le vol, préviendront bien des problèmes de comportement. Nous vous conseillons donc de ne pas lui tailler les ailes, mais bien au contraire de l'encourager à voler et de lui apprendre à obéir aux six commandements élémentaires.

▶ Trop d'oiseaux subissent encore un rognage classique des ailes. Si les ailes de celui-ci étaient rognées, comme sur la photo, il ne pourrait pratiquement plus freiner.

La taille n'empêchera pas un oiseau d'essayer de s'envoler s'il a peur : il risque en revanche de s'écraser douloureusement au sol.

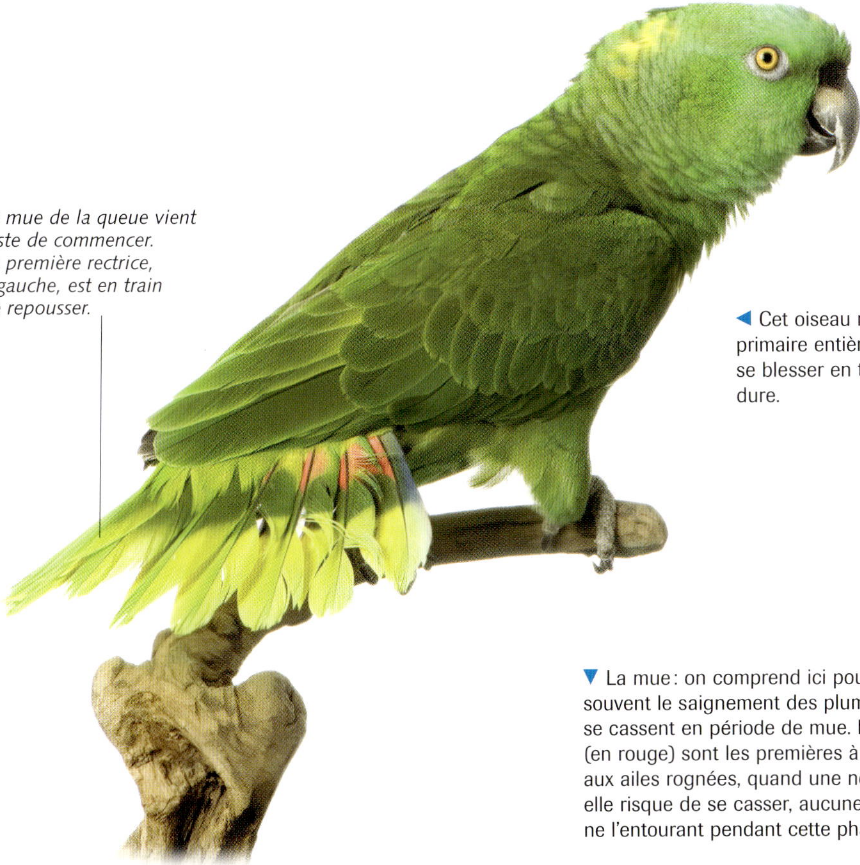

La mue de la queue vient juste de commencer. La première rectrice, à gauche, est en train de repousser.

◀ Cet oiseau n'a plus une seule rémige primaire entière. Il pourrait facilement se blesser en tombant sur une surface dure.

▼ La mue : on comprend ici pourquoi la taille entraîne souvent le saignement des plumes naissantes lorsqu'elles se cassent en période de mue. Les primaires centrales (en rouge) sont les premières à muer. Sur un oiseau aux ailes rognées, quand une nouvelle primaire apparaît, elle risque de se casser, aucune plume protectrice ne l'entourant pendant cette phase délicate.

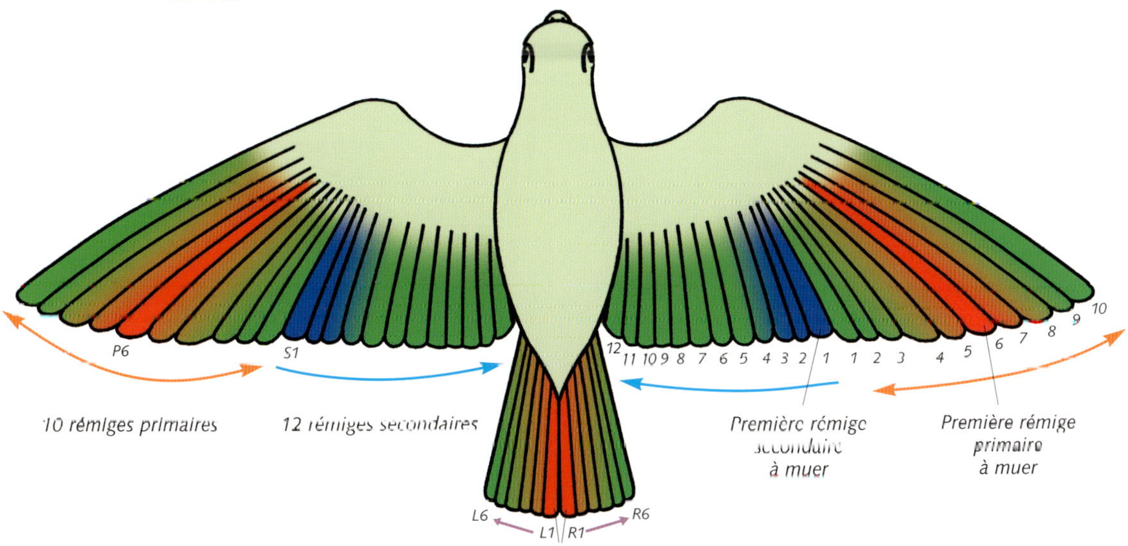

❑ Quelles précautions prendre quand les ailes de l'oiseau ne sont pas taillées ?

Quelques précautions de bon sens s'imposent quand on adopte un amazone qui vole sans entrave. Hors de sa cage, ne le perdez pas de vue un seul instant et apprenez-lui sans attendre les ordres expliqués dans les pages « Éducation ».

Attention aux accidents domestiques classiques. Ne le laissez pas voler en liberté dans une pièce dotée d'un ventilateur de plafond, de portes et de fenêtres ouvertes sur l'extérieur, ou de grands miroirs. Les baies vitrées sont parfois très perturbantes : habillez-les de voilage ou de rideaux. Ne lâchez pas votre volatile dans la cuisine, la pièce de tous les dangers, parmi lesquels les sources de chaleur ou la vapeur dégagée par les casseroles en Téflon, un revêtement potentiellement toxique pour tous les oiseaux.

Veillez à ce qu'il y ait suffisamment d'objets pouvant faire office de perchoirs hors de la cage. L'amazone sera plus facile à contrôler si ces « perchoirs » ne sont pas plus hauts que votre tête (le dos d'un fauteuil ou d'un canapé, l'appui d'une fenêtre ou le dessus d'une table). Quelle que soit la situation, votre amazone ne doit pas être livré à lui-même. C'est une espèce particulièrement sociable, qui a besoin de vos conseils et de vos encouragements.

Lorsque vous introduisez votre protégé dans une nouvelle pièce, à vous de lui montrer les meubles ou les

▼ Des mesures de bon sens s'imposent pour la sécurité de votre ami ailé. Habillez les baies vitrées de voilage pour éviter la transparence. Si vous lui autorisez votre épaule, vous risquez de l'oublier là. Bien des oiseaux s'échappent lorsque leurs propriétaires sortent, sans penser que leur oiseau les accompagnent.

▲ Si vous familiarisez l'oiseau en douceur avec une nouvelle pièce, il y volera avec confiance et se posera sur les « perchoirs » que vous lui avez destinés.

objets sur lesquels vous voulez qu'il se pose. Demandez-lui de se poser en utilisant les ordres que vous lui avez appris et récompensez-le les premières fois par une petite friandise ou l'un de ses jouets favoris. Une fois habitué à ces perchoirs, il sera plus confiant et saura où se poser en vol. Plus tard, essayez l'ordre « Va » pour qu'il lâche votre main et s'envole vers eux.

Si, à l'occasion, vous acceptez que votre compagnon se pose sur votre épaule, celle-ci ne doit pas être considérée comme un perchoir normal. Dès qu'il s'y pose, faites-le systématiquement passer de votre épaule à votre main en ordonnant « Pose-toi ». En l'occurrence, c'est votre main qui doit être perçue comme le perchoir normal, et non votre bras ou votre épaule.

❑ Puis-je lui apprendre à être propre ?

S'il est vrai que l'on peut apprendre à son volatile où déposer sa fiente, cela demande une certaine prudence. Vous comprendrez vite, en observant le langage corporel de votre oiseau, quand il demande à faire ses besoins. Vous pourrez alors le poser dans l'un des lieux destinés à cet usage. Et n'oubliez pas de le féliciter dès qu'il se sera soulagé. Vous devez absolument prévoir plusieurs « coins-toilettes » pour qu'il ne soit pas obsédé par l'idée d'aller toujours au même endroit, ce qui pourrait générer quelques problèmes. Quand vous l'aurez déposé plusieurs fois aux places stratégiques au moment opportun, votre amazone, habitué à cette routine, vous surprendra peut-être en y allant de lui-même. L'autre solution consiste à recouvrir de papier les endroits où l'oiseau se perche, afin de ramasser la fiente, ou à nettoyer aussitôt avec un mouchoir en papier et un bon décapant ménager.

▲ Les fientes se nettoient facilement avec un mouchoir en papier et un décapant approprié.

❑ Quand nettoyer la cage ?

L'idéal est de tapisser le fond de la cage de vieux journaux et de les changer chaque jour. Une fois par semaine, nettoyez la cage et les perchoirs à fond avec un désinfectant liquide non agressif dilué dans l'eau chaude. Une fois dilués, ces produits ne présentent pas plus de risques que les désinfectants « spécial oiseaux » vendus dans les animaleries. Veillez cependant à respecter les doses indiquées par le fabricant. L'amazone salit rarement le sol de sa niche quand il en a une, ce qui n'empêche pas de la nettoyer soigneusement, comme la cage, une fois par semaine au moment de remplacer les copeaux de bois ou les journaux qui en recouvrent le sol.

❑ Quand nettoyer les mangeoires ?

Lavez les mangeoires et les buvettes au moins une fois par jour avec un détergent doux et de l'eau chaude et rincez-les à l'eau froide avant de les remplir. Là encore, si vous y tenez, vous trouverez dans les animaleries des antiseptiques « spécial oiseaux » pour désinfecter cette petite vaisselle tous les jours.

❑ Les règles d'hygiène à respecter

Il va de soi que des oiseaux en bonne santé présentent peu de risques de transmettre des maladies. Quoi qu'il en soit, veillez à ce que les fientes ne contaminent pas les lieux où vous préparez le repas familial. Mieux vaut interdire l'accès de ces lieux à votre amazone, notamment si la maison abrite de jeunes enfants ou des personnes âgées dont le système immunitaire est plus fragile que le nôtre. Les cas de psittacose, une maladie propre aux perruches et perroquets, sont cependant très rares. Cette maladie est transmise à l'homme par inhalation de la poussière, elle-même contaminée par une bactérie excrétée dans la fiente. Si vous devez voir un médecin, n'oubliez pas de l'informer que vous élevez des oiseaux, ce qui peut lui être utile pour établir son diagnostic. Si vous soupçonnez votre amazone d'excréter la psittacose dans sa fiente, emmenez-le sans attendre chez le vétérinaire. Heureusement, on l'a dit, les cas de psittacose sont rares chez les humains.

▲ Les journaux sont encore la solution idéale pour tapisser le fond de la cage. Il suffit de les changer chaque jour.

◀ N'oubliez pas de nettoyer les barreaux de la cage une fois par semaine avec un désinfectant dilué dans l'eau chaude.

▼ Les perchoirs s'encrassent rapidement à cause des déchets alimentaires ; brossez-les à fond au moins une fois par semaine.

Les allergies à la poussière des plumes, en revanche, sont beaucoup plus fréquentes.

Lavez-vous soigneusement les mains après avoir préparé le repas de vos oiseaux, mais également avant de toucher la nourriture de vos pensionnaires ou de les manipuler : ils sont en effet très sensibles à de nombreuses substances chimiques présentes dans les produits ménagers.

❑ Dois-je couper les griffes de mon perroquet ?

Pour agripper les perchoirs lisses correctement, les perroquets doivent avoir des griffes relativement aiguisées. Si elles sont émoussées, ils risquent de glisser et de s'écraser au sol. Dans la plupart des cas cependant, il n'est pas nécessaire de limer les griffes régulièrement : il suffit d'en vérifier la longueur de temps en temps et de les couper quand elles sont vraiment longues. Les griffes des perroquets s'usent naturellement dans la nature et sont donc toujours à la bonne longueur. Mais en captivité, nos oiseaux sont bien moins actifs, ce qui conduit parfois à une surcroissance des griffes à l'origine de quelques soucis. Il est préférable d'utiliser une petite lime ou un papier de verre à grain fin, plutôt qu'une pince à ongles, et de limer les griffes à la bonne longueur pendant qu'une seconde personne maintient l'oiseau soigneusement enveloppé dans une serviette. Une autre solution consiste à installer dans la cage un perchoir abrasif. Il faut cependant éviter à votre protégé des séjours prolongés sur ce type de perchoir, car il finirait par être gêné. Faites en sorte que ce ne soit ni le perchoir du haut, ni celui où il passe la nuit. Installez-le plutôt dans la partie inférieure, pourquoi pas à côté d'une mangeoire ou d'une buvette.

Ces griffes, à l'évidence trop longues, ont besoin d'une coupe d'entretien.

L'oiseau est plus à l'aise sur son perchoir une fois griffes limées.

▲ Choisir la lime plutôt que la pince à ongles limite les risques de sectionner malencontreusement un vaisseau sanguin de la griffe.

▲ Ce type de perchoir abrasif se visse sur les barreaux de la cage. Attention, ne l'installez pas dans le haut de celle-ci.

La face supérieure du bec est naturellement plus longue et plus aiguisée chez la plupart des perroquets.

❑ Dois-je couper le bec de mon amazone ?

Le bec est une partie du corps extrêmement sensible. Vous ne devez surtout pas le couper. S'il est vraiment trop long et empêche l'oiseau de se nourrir correctement, demandez conseil à un vétérinaire expérimenté.

❑ Puis-je laisser l'amazone attraper la nourriture dans ma bouche ?

Nous vous conseillons de ne pas laisser un oiseau attraper de la nourriture que vous tenez dans votre bouche. La bouche des oiseaux, comme la nôtre, contient de nombreuses bactéries. Vous ne devez en aucun cas risquer la contamination ou celle de votre ami ailé par ce vecteur. D'autre part, combien se sont fait mordre les lèvres en essayant et se sont retrouvés à l'hôpital pour les premiers secours !

❑ Que faire les vacances venues ?

Si vous avez craqué pour un jeune sujet, il est encore dépendant de vous. En théorie, vous ne pouvez donc pas vous absenter avant son premier anniversaire. Le départ soudain de son maître est une expérience particulièrement stressante pour l'oisillon. Un extrême désarroi qui peut le conduire à s'arracher les plumes. Dans la nature, les parents n'abandonnent jamais leurs petits, et les juvéniles ne sont pas préparés à une telle perte. Dans le cas d'oiseaux adultes, le plus important est qu'ils soient familiarisés avec celui ou celle qui va s'occuper d'eux en votre absence et qui connaît leurs besoins aussi bien que vous. Si son gardien temporaire le sort de sa cage plusieurs heures par jour, s'il s'entend relativement bien avec lui, et si les autres aspects de sa vie quotidienne (la cage, la nourriture…) ne sont pas bouleversés, votre protégé supportera relativement bien votre absence. Certaines pensions pour animaux acceptent aussi les perroquets, mais vous partirez plus serein si vous savez votre amazone entre les mains d'une personne de confiance.

▼ Habituez votre protégé à sortir et à rentrer dans sa cage de voyage avant de l'utiliser pour un déplacement.

Problèmes de comportement

Il est tout à fait inutile de projeter des émotions et des valeurs humaines sur les perroquets, de même qu'il ne sert à rien de les gronder. Les comportements de votre oiseau sont la conséquence de ce qu'il fait, soit pour obtenir ce dont il a besoin, soit pour éviter ce qui pourrait lui être néfaste. Les perroquets n'embêtent personne pour leur plaisir. Les probabilités qu'ils reproduisent à l'envi tel ou tel comportement dépendent souvent de la manière dont nous, leurs maîtres, réagissons au comportement en question.

❑ De l'enfance à l'âge adulte

Un jeune amazone atteint sa maturité entre 2 et 3 ans. Pendant cette période, vous constaterez une modification de son comportement, comme c'est le cas chez les autres animaux en grandissant, chiots et chatons par exemple. L'adorable petit oisillon apprivoisé en vente dans une animalerie ou chez l'éleveur a des besoins très différents une fois parvenu à maturité, ce qui est tout à

▼ Âgés de 11 semaines, ces amazones à front bleu sont tout à fait attachants. Leur docilité est cependant liée à leurs besoins juvéniles. D'ici deux à trois ans, ils auront pris confiance en eux et afficheront un caractère bien trempé.

◀ Les risques de morsure augmentent si le maître de maison déplace ses mains trop rapidement ou si l'oiseau est surexcité. Mieux vaut prévenir que guérir : évoluez doucement mais avec assurance pendant les séances d'apprentissage.

fait normal. Vous aurez parfois l'impression qu'il vous « teste », mais si vous l'éduquez comme nous l'avons expliqué aux chapitres précédents, votre amazone ne devrait pas poser de problèmes sérieux à l'âge adulte.

❑ Les problèmes de morsure

Tous les amateurs de perroquets se font mordre un jour ou l'autre, et bien souvent, ce n'est pas grave. Il arrive néanmoins que la morsure soit vraiment douloureuse et impose de prendre les choses en main, sous peine de renforcer le comportement de l'oiseau et d'aggraver la situation. La première morsure survient généralement quand le jeune sujet arrive à maturité. Un oiseau surexcité et d'humeur particulièrement joueuse, par exemple, vous mordillera facilement. Essayez dans vos échanges de ne pas provoquer ce type de réaction. En revanche, s'il vous a mordu très fort, ne le remettez pas dans sa cage, car vous auriez vite du mal à faire ne serait-ce que ce simple geste ! Et ne le grondez surtout pas ! Vous ne feriez que l'inciter à vous mordre à nouveau.

La réaction la plus efficace est de lui tourner le dos, de sortir de la pièce en fermant la porte derrière vous et de le laisser seul, deux à trois minutes. Quand vous rentrez, attendez qu'il rétablisse le contact et se comporte normalement. S'il vous mord encore, restez calme et laissez-le à nouveau seul quelques minutes. Dans la plupart des cas, votre perroquet fera vite le lien entre la morsure et le fait d'être délaissé, ce qui l'incitera à ne plus vous mordre.

▲ La queue en éventail, les yeux fixes : cet amazone est gonflé à bloc ! Ne restez pas dans les parages…

❑ Le picage

Les amazones s'adonnent assez fréquemment au picage, un problème directement lié à la captivité. Dans la nature, les perroquets ne s'arrachent pas les plumes. Si votre oiseau se pique, autrement dit s'il s'arrache les plumes, faites-le examiner au plus vite par un vétérinaire aviaire, qui passera également en revue son alimentation. Il semble cependant de plus en plus évident que le picage soit avant tout dû à la frustration liée à l'absence de situations quotidiennes naturelles. Cette mauvaise habitude est parfois renforcée quand le propriétaire de l'oiseau lui dit « Non » pour signaler l'interdit ou s'intéresse à lui pendant le picage. Mieux vaut ne rien dire et quitter la pièce à chaque fois qu'il se pique. Partant du principe que votre protégé est attaché à vous, cet « abandon » l'incitera à cesser cette pratique, du moins en votre compagnie.

Les amazones qui se livrent au picage répondent généralement aux critères suivants : ce sont des oiseaux de compagnie solitaires qui ont (ou ont eu) les ailes taillées ; ils n'ont pas été élevés par leurs parents ; ils passent trop de temps en cage dans la journée au lieu de sortir et d'être en contact avec leur maître adoptif ou d'autres oiseaux ; ils n'ont que peu ou pas du tout l'occasion de voler ; et surtout ils n'ont pas l'occasion de chercher des aliments cachés.

▼ En cas de picage, mieux vaut commencer le traitement au plus tôt. S'il est vrai qu'il n'y a pas d'âge pour ce phénomène, il est plus fréquent chez les sujets élevés à la main qui arrivent à maturité entre 2 et 4 ans.

◄ Cet amazone aourou se voit offrir une pomme de pin tartinée de son dessert préféré, le beurre de cacahuètes. Son maître l'encourage ainsi à aller chercher sa nourriture dans les moindres recoins.

Un oiseau occupé court moins le risque de s'arracher les plumes.

▲ Il existe de nombreux jouets à surprise qui obligent le perroquet à découvrir les aliments cachés à l'intérieur, en mangeant le bois par exemple. Nul doute que vous occuperez votre protégé en lui offrant un tel plaisir.

❑ Encouragez votre amazone à trouver sa nourriture

Les amazones sauvages passent la plupart de leur temps à chercher leur nourriture ; cette quête est un comportement essentiel à leur équilibre. Les sujets en captivité, qui disposent du meilleur choix à portée de bec, risquent de s'ennuyer ferme. Cette impossibilité pour eux de chercher leur nourriture est une frustration qui engendre de nombreux problèmes de comportement. Si vous voulez lui passer l'envie de s'arracher les plumes et les laisser cicatriser, il faut absolument entourer votre protégé de jouets pour le distraire, y compris des jouets à surprise dans lesquels vous pourrez cacher de la nourriture. Ces « surprises » sont en vente dans les animaleries, mais rien ne vous empêche de les fabriquer à moindre coût. Pourquoi ne pas cacher, par exemple, quelques graines dans une feuille de journal tire-bouchonnée et glissée dans un tube ou une boîte en carton. Vous pouvez aussi suspendre cette surprise à un petit panier ou à une mangeoire en bois, comme celles que l'on utilise dans le jardin pour les oiseaux en liberté.

Laissez aussi à votre pensionnaire tout loisir de voler, à l'intérieur ou dans une volière destinée à son exercice quotidien. Donnez-lui des tas de petites choses à mâcher jusqu'à leur complète destruction : de courtes longueurs de corde en coton ou en chanvre, des branches fraîches d'arbres fruitiers, de noisetier ou de noyer par exemple, de petites lanières de cuir, ou pourquoi pas un vieil annuaire téléphonique... La clé du succès est de lui occuper l'esprit et le bec. En le laissant longtemps hors de sa cage et en lui donnant de nombreuses choses à mâchonner, vous lui passerez l'envie de s'arracher les plumes.

▶ Les amazones adorent mettre les jouets à ronger en pièces ; ils reproduisent ainsi un comportement naturel.

❑ Nervosité et phobies

Les amazones qui ne peuvent pas voler, à cause de leurs ailes rognées par exemple, risquent de devenir des oiseaux phobiques et de présenter des réactions de crainte exagérées devant certains gestes, personnes ou objets inoffensifs. La nervosité ou la crainte de l'oiseau se traduit généralement par un profond mutisme et des plumes serrées près du corps. Si vous ne supprimez pas au plus vite la cause du problème, votre protégé risque une véritable crise de panique. Sa terreur est parfois telle qu'il met sa cage sens dessus dessous. Ce comportement n'a rien à voir avec une agression, il indique que votre pensionnaire est tout simplement terrifié. Dans ce cas, mettez sans attendre l'objet de ses frayeurs hors de sa vue, vous y compris. Assurez-vous qu'il y a au moins un perchoir dans la cage plus haut que votre regard, il aura ainsi moins peur de ceux qui l'approchent de trop près. Les oiseaux ne réagissent pas comme nous et n'acceptent pas les signes de réconfort. Lorsqu'ils ont peur, que ce soit à cause d'un geste, d'une action ou d'une chose, toute tentative de les rassurer est inutile et peut même aggraver la situation.

▲ Si un oiseau atterrit en catastrophe, car quelque chose l'a effrayé par exemple, ne l'approchez pas tout de suite. Vous ne devez pas vous associer au malaise ou à la crainte qu'il peut ressentir.

❑ Ne vous précipitez pas pour l'aider !

Si votre perroquet amazone s'écrase au sol et que vous tentez de le rassurer en vous approchant, il risque d'associer votre geste à la douleur ou la crainte ressentie. Résultat : il aura peur de vous et vous tiendra en partie responsable de sa douleur. En cas de chute, mieux vaut vous éloigner et lui laisser le temps de retrouver ses esprits et son calme. Vous pourrez alors vous montrer disponible, mais dans ce cas, demandez-lui de venir vers vous au lieu de l'approcher de trop près.

Il faut du temps pour que l'oiseau surmonte sa nervosité, laissez-le procéder à son rythme. Reportez-vous à la section « Oiseaux nerveux » et suivez nos conseils. Soyez patient et montrez-vous doux et compréhensif avec lui, en utilisant une récompense qu'il est susceptible d'accepter. Si d'autres que vous sont plus à même de l'amadouer, laissez-les faire. Vous interviendrez plus tard, quand il montrera des signes de sa confiance retrouvée.

◄ Quand un oiseau prend peur de son propre maître, il faut parfois beaucoup de temps pour le réapprivoiser et le dresser à nouveau. Il est alors indispensable de travailler à son rythme pour ne pas le stresser.

► Les amazones aux ailes taillées manquent souvent de confiance en eux, et deviennent des oiseaux très nerveux. En suivant les leçons de dressage présentées dans ce livre, vous n'aurez pas besoin de mutiler votre oiseau en lui rognant les ailes.

▲ Fabriquer des surprises est un jeu d'enfant. Commencez par disséminer quelques graines ou fruits secs dans une feuille de journal.

▲ Repliez la feuille sur les graines et glissez-la dans un cylindre en carton.

❑ Des mangeurs de bois acharnés

Dans la nature, les amazones passent des heures à mâcher du bois, des feuilles et des bourgeons à la cime des arbres : une occupation inhérente à leur habitude de chercher leur nourriture. En captivité, ils ont beau avoir de quoi se nourrir en permanence, cette manie de fouiller et de mâcher reste chez eux un besoin naturel très fort. Si vous ne leur donnez pas un objet à mâcher adapté, vous avez toutes les chances de les voir mâchouiller tout ce qui leur tombe sous le bec, portes, meubles, et autres bibelots…

▼ Si vous n'offrez pas à votre oiseau quelques objets à mâcher adaptés à ses besoins, il se servira lui-même dans la maison !

Il est indispensable d'occuper votre oiseau avec des jouets qu'il peut détruire. On les trouve en vente dans les animaleries et par correspondance, mais vous pouvez aussi les fabriquer : pinces à linge (sans le ressort), morceaux de bois dur (chêne, pommier, cerisier, noisetier, etc.), carton, papier journal, pommes de pin, lanières de cuir brut, et autres petits cordons en fibre naturelle comme le coton, le chanvre ou le jute feront l'affaire. Donnez également à votre pensionnaire l'occasion de chercher ses friandises préférées cachées dans un jouet à surprise. Vous lui passerez ainsi l'envie de mâcher n'importe quoi. Là encore, on peut acheter ce type de jouets dans le commerce ou les fabriquer soi-même. Les amazones apprennent vite à chercher les friandises cachées dans du papier journal glissé dans un cylindre ou une petite boîte en carton.

▲ Les amazones adorent ces jouets à mâcher faits maison.

▲ Assurez-vous que l'oiseau vous a vu faire, puis offrez-lui cette surprise.

▶ Attendez-vous à un peu de bruit de la part de votre amazone, mais quittez la pièce quand le niveau sonore devient inacceptable.

❑ Le bruit

Les amazones sont des oiseaux assez bruyants, qui se font la voix chaque jour, tôt le matin et en fin d'après-midi : un comportement tout à fait naturel à l'âge adulte. Ces séances ne durent généralement pas plus d'une demi-heure. Toutefois, si votre pensionnaire se met à répéter le même son à plein gosier des heures durant, il s'ennuie certainement. C'est souvent le cas des amazones qui passent trop de temps dans leur cage. Il suffit donc de les sortir plus souvent et de les occuper. En revanche, s'il a sa dose quotidienne d'extérieur et qu'il continue à manifester trop bruyamment, il ne faut absolument pas récompenser ce comportement par inadvertance en lui témoignant votre attention, y compris en répétant « Non ». La meilleure solution à cette nuisance sonore est tout simplement de quitter la pièce toutes les fois où vous considérez que votre protégé exagère. Il finira par établir un lien entre son comportement et la pièce vide, ce qui l'incitera à cesser ses bruits intempestifs.

La santé et les soins

Une alimentation équilibrée, une séance de plein air quotidienne pour lui dégourdir les ailes et un environnement stimulant doublé d'une bonne entente avec ses maîtres adoptifs sont pour votre protégé la garantie d'une bonne santé physique et mentale. Ceci ne vous empêche pas de vous préparer à l'éventualité d'une maladie bien avant qu'elle ne se déclare en prenant soin de trouver un bon vétérinaire.

❑ Premiers soins et prévention des maladies

Attention : tous les vétérinaires n'ont pas l'habitude des oiseaux. Choisissez un spécialiste de la médecine aviaire ayant une véritable expérience en la matière. Nous vous conseillons également un bilan complet de votre volatile au moins une fois par an. Vous trouverez la liste des vétérinaires aviaires sur internet, dans les journaux ou sur les sites spécialisés dans les perroquets. La plupart de ces praticiens sont membres de l'Association des vétérinaires aviaires. Dans l'idéal, le cabinet d'un bon vétérinaire doit fournir les services et équipements suivants :

- L'anesthésie par isofluorane (la méthode la plus sûre pour un oiseau).
- Le greffage des plumes (qui rendra à l'oiseau la possibilité de voler en réparant les rémiges suite à la taille des ailes).
- L'analyse de sang : hémogramme et biochimie.
- L'endoscope pour un examen interne.
- Le matériel nécessaire au prélèvement de tissus (biopsie).
- Du personnel en nombre suffisant pour manipuler l'oiseau correctement avec une serviette (et non des gants) et limiter le stress.
- Tout le matériel nécessaire si votre protégé doit être hospitalisé pendant vingt-quatre heures.

❑ Les signes d'une bonne santé

Un oiseau sain est actif presque toute la journée. L'œil est vif, brillant et grand ouvert. Le nez ne coule pas et l'oiseau respire sans bruit. Un perroquet en bonne santé est alerte, conscient de ce qui se passe autour de lui. Les plumes ne sont ni gonflées ni hérissées, mais relâchées et lissées vers le bas, sans être trop serrées. L'oiseau doit aussi s'alimenter normalement et éliminer les fientes sans forcer ; le plumage entourant le cloaque ne doit pas être souillé. Lorsqu'il dort ou se repose, un perroquet en bonne santé se tient généralement sur une patte. Si votre amazone ne présente pas tous les signes habituels d'une bonne santé, c'est qu'il a sûrement un problème. N'oubliez pas qu'un oiseau malade fera tout pour cacher ses symptômes ; quand il donne des signes de malaise, la maladie est souvent déjà très avancée. Agissez sans délai si vous pensez que votre protégé est souffrant.

Le croupion de l'oiseau doit être exempt de traces de fientes.

▼ À gauche, cet amazone semble alerte et en parfaite santé. Celui de droite présente des signes de maladie. Sa position accroupie et son plumage en mauvais état signalent un problème qui demande votre attention.

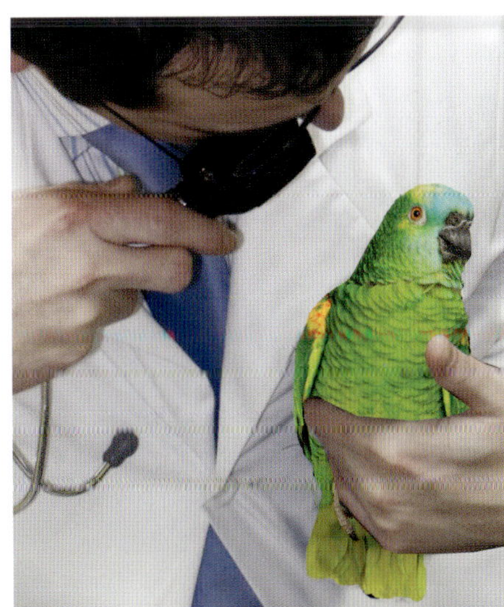

► Choisissez un vétérinaire aviaire. Votre protégé recevra des soins de bien meilleure qualité de la part d'un praticien spécialiste des oiseaux.

▲ On pourra utiliser une petite balance de cuisine pour consigner les variations de poids de l'oiseau.

❑ L'identification des symptômes

Un oiseau malade présente souvent des signes de fatigue, des plumes gonflées ou hérissées, des yeux creux, ternes et mi-clos. Il a du mal à se balancer et préfère le fond de la cage à son perchoir. Il a aussi l'air moins conscient de ce qui se passe autour de lui. Ses fientes ne sont pas normales et il ne s'alimente pas comme d'habitude. La plupart du temps, il perd du poids à vue d'œil. Il est donc indispensable de connaître son poids habituel et le peser régulièrement.

❑ Que faire en cas de maladie ?

Si vous pouvez peser votre malade sans ajouter à son stress, faites-le et notez son poids sur une petite fiche. Normalement, rien qu'en le mettant bien au chaud (de 26 à 30 °C), à l'abri d'une lumière vive, votre perroquet devrait se sentir beaucoup mieux. Vous pouvez aussi le réchauffer en plaçant une lampe céramique infrarouge au-dessus de sa cage par exemple (ce type de lampe émet de la chaleur sans éclairer). Disposez la lampe de façon que le perroquet puisse s'en éloigner si toutefois il avait trop chaud. Installez également un thermomètre (hors de portée de l'oiseau) pour surveiller la température autour de la cage. Dans un environnement aussi chaud, le malade devra s'hydrater plus souvent. Veillez à lui fournir toute l'eau et les aliments humides – grains de raisin ou pommes – dont il a besoin. Une fois le perroquet bien au chaud, téléphonez au vétérinaire, expliquez-lui les symptômes constatés et suivez les consignes de premiers secours sans attendre. Ne laissez surtout pas le malade se refroidir quand vous le conduisez chez le vétérinaire. Le stress à lui seul peut aggraver l'état de l'oiseau. Agissez toujours dans le calme. Vous limiterez aussi son angoisse en l'empêchant de voir ce qui se passe hors de la cage de voyage pendant le transport.

▼ Cet amazone peut venir se réchauffer sous la lampe à infrarouges s'il le désire.

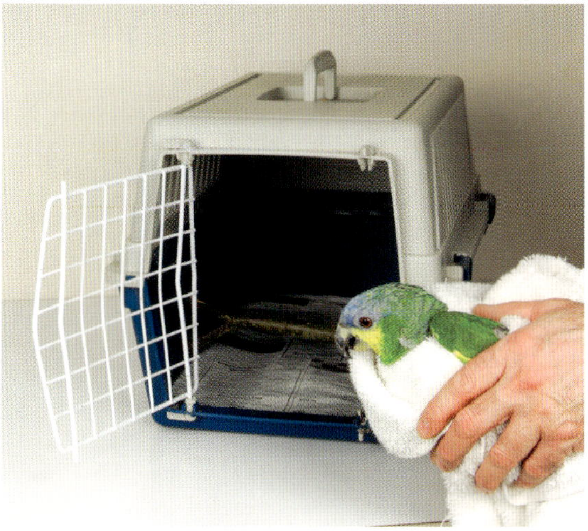

▲ Si votre oiseau n'est pas apprivoisé, il vous faudra peut-être l'envelopper dans une serviette pour le transférer dans la cage de voyage.

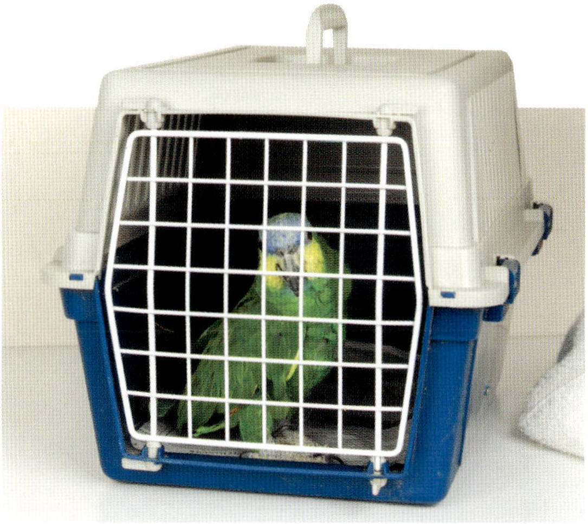

▲ L'oiseau sera plus calme dans une cage sombre avec vue limitée sur l'extérieur que dans une cage classique toute grillagée.

La trousse de premiers secours

- Les coordonnées du vétérinaire.
- Du coton et des Coton-Tige pour arrêter les saignements.
- Un crayon styptique (uniquement pour arrêter les saignements des griffes et du bec blessés).
- Une pommade antibiotique pour traiter les blessures.
- Un antiseptique pour oiseaux.
- Une solution électrolyte administrée une fois le traitement terminé, pour que l'oiseau récupère.
- Une poudre multivitaminée pour oiseaux.
- Du glucose en poudre dilué dans l'eau, à donner en premier secours aux oiseaux qui ont du mal à manger.
- Une serviette de couleur claire : blanc ou crème. Une couleur sombre effraie l'oiseau.
- Une lampe chauffante céramique infrarouge ou une cage hôpital.

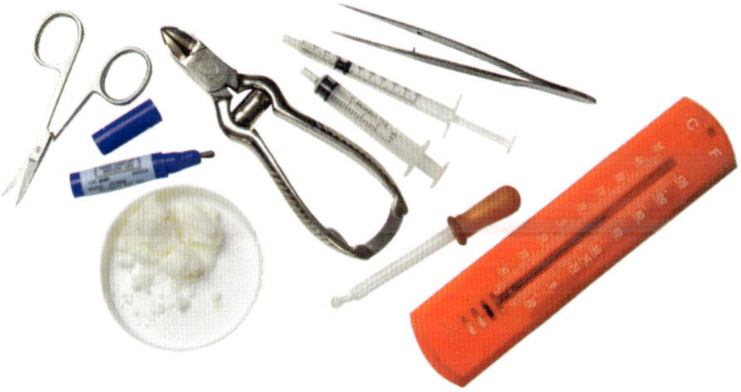

- Un thermomètre.
- De petites seringues et une petite cuillère pour lui donner les médicaments ou la nourriture.
- Des forceps.
- Une paire de petits ciseaux bien affûtés.
- Une pâtée d'élevage au cas où vous devriez forcer l'oiseau à manger.
- Une cage de voyage dotée d'un perchoir solidement fixé dans la partie inférieure.
- Une balance électrique fiable.

Que faire en cas de fugue ?

La plupart des oiseaux s'échappent par une porte, une fenêtre ouverte ou quand le maître adoptif oublie son pensionnaire sur son épaule en sortant. Ne laissez donc jamais votre perroquet prendre votre épaule pour un perchoir !

❑ Retrouver un oiseau égaré

Pour commencer, ayez toujours à portée de main :

• Une bonne paire de jumelles.

• Quelques-unes de ses friandises préférées et la mangeoire de sa cage.

• Une cage et/ou un sac de transport en tissu avec des cordons de serrage pour y déposer l'oiseau si vous le trouvez.

Si l'amazone s'est échappé pris de panique, il va sûrement couvrir une longue distance avant de se poser dans un arbre, au bord de l'épuisement. Celui qui s'est envolé calmement, en revanche, n'ira pas loin. La plupart des amazones qui se retrouvent hors de la maison sont perturbés par ce monde extérieur non familier ; leur instinct les conduit à se percher le plus haut possible, le plus souvent dans l'arbre le plus grand du secteur, avant de se cacher dans le feuillage. En hiver, vous retrouverez facilement votre protégé à vue, avec les jumelles, mais en été, vous aurez bien du mal à le repérer dans un arbre feuillu. Mieux vaut alors l'appeler par son nom et attendre qu'il vous réponde.

Pensez également à photocopier une petite affiche avec vos coordonnées, sa photo, et des précisions sur l'endroit et le jour où il a disparu, et distribuez-la généreusement dans le voisinage. La première réaction quand on repère un oiseau inconnu est souvent de téléphoner à la police, à la radio locale, aux vétérinaires du quartier ou à la SPA. N'oubliez pas d'informer ces différents organismes de la disparition de votre amazone.

❑ Comment l'inciter à revenir ?

Quand vous l'aurez enfin retrouvé, il est fort probable qu'il soit incapable de voler jusqu'à vous. Il faudra donc prévoir une échelle et grimper jusqu'à une hauteur suffisante pour l'attirer avec une de ses friandises préférées. Si l'amazone est bien dressé, vous n'aurez qu'à ordonner « Pose-toi » pour qu'il monte sur votre main, et à le mettre en sécurité. Ayez à portée de main un sac ou une boîte (hors de sa vue) où le déposer avant de redescendre. Une petite taie d'oreiller, à laquelle vous aurez cousu des cordons et une bandoulière, fera l'affaire et vous laissera les mains libres pour descendre de l'échelle. Le cas échéant, vous pouvez aussi redescendre le sac au bout d'une longue corde.

Si vous repérez votre oiseau mais ne parvenez pas à l'attraper avant la nuit, revenez le lendemain avant l'aube et essayez à nouveau. Attention, peut-être avant 4 heures du matin en été !

▲ Les fugueurs se posent souvent dans l'arbre le plus haut du secteur et sont nerveux à l'idée de redescendre.

► Les jumelles sont indispensables, même si le feuillage restreint le champ de vision en été.

▼ Quand vous l'aurez attrapé, déposez l'oiseau dans un sac muni d'un cordon coulissant.

Index

Crédits photographiques

L'éditeur remercie **Mike Taylor**, de Northern Parrots (www.24Parrot.com), pour son aide précieuse, ainsi que **Anton van der Ploeg** pour sa sélection de photographies de jeunes perroquets amazones.

Toutes les illustrations sont de **Neil Nutherland**, excepté les suivantes :
Frank Lane Picture Agency/flpa-images.co.uk : 10 bg (David Hosking), 11 bg (Jurgen and Christine Sohns), 11 bd (Pete Oxford/Minden Pictures), 12 (Jurgen and Christine Sohns), 13 h (Claus Meyer/Minden Pictures), 15 b (Tui De Roy/Minden Pictures), 23 bg (Jurgen and Christine Sohns).
Greg Glendell : 80, 93 h.
iStockphoto.com : AM29: 8 bgt ; Griselda Amorim : 22 ; Jean-Yves Benedeyt : 48 b ; James Benet : 26 ; Chai kian shin : 45 h ; Julie de Leseleuc : 82 h ; Brian Doty : 10 hg ; Lee Feldstein : 6, 20, 21 b ; Olga Gabay : 17 bd ; Iztok Grilc : 93 bd ; Dawn Jagroop : 96 ; Elena Kalistratova : 27 hd ; Paul Piebinga : 84 hd ; Michael Puerzer : 15 h ; Ray Roper : 8 bd ; McKevin Shaughnessy : 27 bd.
Northern Parrots : 48 h.
Shutterstock Inc. : Stephen Coburn : 89 hd ; Steve Cukrov : 10 bd, 23 hg ; Joseph Gareri : 9 m ; Wendy Kaveney Photography : 89 bd ; Andrew Kua Seng How : 69 d ; Eric Isselée : 72, 73 h ; Diana Mary Jorgenson : 85 b ; Jill Lang : 24 h, 25 b ; B. Speckart : 13 b ; Mark E. Stout : 69 g ; Tim Zurowski : 27 hg.
Anton van der Ploeg: 17 bg, 21 m, 21 hd, 21 hg.